비평과 권력

권성우(權晟右)

서울 출생

서울대 인문대 국문과 및 동 대학원 박사과정 졸업(현대문학비평사 전공)

1987년 『서울신문』 신춘문예에 「존재론적 고독에서 당신과의 만남으로 : 이인성론」이 당선되면서 문학평론가로 활동하기 시작

『비평의 시대』·『문예중앙』·『세계의 문학』 등의 편집위원 역임

현재 동덕여대 인문학부 부교수, 『작가』, 『사회비평』 편집위원

저서로 『비평의 매혹』(문학과지성사, 1993), 『모더니티와 타자의 현상학』(솔, 1999), 『비평의 희망』(문학동네, 2001)과 편서로 『문학이란 무엇인가』(문학동네, 1994), 공저로 『문학권력』(개마고원, 2001) 등이 있다

비평과 권력

1판 1쇄 발행 2001년 5월 10일
1판 2쇄 발행 2002년 1월 10일

지은이 / 권성우
펴낸이 / 박성모
펴낸곳 / 소명출판
출판고문 / 김호영
등록 / 제13-522호
주소 / 137-878 서울시 서초구 서초동 1621-18 (란빌딩 1층)
대표전화 / (02) 585-7840
팩시밀리 / (02) 585-7848
somyong@korea.com / somyong@chollian.net / somyong@hitel.net

값 10,000원

ISBN 89-88375-64-5 03810

비평과 권력

권성우

소명출판

고독의 시간들을 함께 견뎌준 김희진에게

고독과 자유

'책머리에'를 쓰기 위해서 다시 한강 고수부지로 산책을 나간다. 8년 전, 『비평의 매혹』의 서문을 쓸 당시는 잠실 강변에서 뚝섬 쪽을 바라다보았지만, 이제는 거꾸로 뚝섬 쪽에서 잠실을 바라다본다. 다소 서늘한 평일 아침인지라, 인적이 드물다. 문득 혼자라는 사실을 실감한다. 혼자라는 사실에 어떤 형이상학적 의미를 부여하고 싶은 그런 아득한 시간들이 흘러간다. 흐르는 강물은 변함 없지만, 강을 조망하는 위치에 따라, 즉 관점에 따라 참으로 판이한 풍경이 전개될 수 있다는 사실을 실감한다. 마치 강남과 강북의 문화적 격차처럼. 인식의 주관성이란 이토록 근원적인 것인가?

8년 여의 세월 동안, 내가 한강을 바라보는 위치가 바뀐 만큼 문학과 문학비평에 대한 내 생각도 변했다는 생각이 든다. 그 변화에 대해서 주목하는 것은 어렵지 않은 일이다. 그러나 변하지 않은 부분을 발견하는 것도 의미 있는 작업이리라. 비평의 매혹에서 비판적 글쓰기로 내 관심이 이동하는 과정에서도 '비평에 대한 자의식'과 독자적인 예술로서의 비평에 대한 생각은 변하지 않았다. 어떻게 보면, '매혹'과 '비판'은 비평적 자의식이라는 동일한 뿌리에서 생성된 두 가지 비평적 자세일 것이다. 비평에 대한 자의식이 존재하는 한, 나는 끝끝내 비평의 존재방식에 대한 집요한 질문들을 던질 수밖에 없을 것이다. 그 길이 바로 비평가로서의 내 존재이유가 될 것이다.

　지난 몇 년간에 씌어진 이른바 문학권력 논쟁 및 비판적 글쓰기와 연관된 글들을 이렇게 한 권의 책으로 묶는다. 이 책에는 98년 여름에 발표한 「비평과 권력」부터 2001년 2월에 발표한 「다시 비판의 방법과 형식을 논한다」에 이르는 열 편의 글들이 수록되어 있다. 누가 말했던가? 논쟁을 하면 고독하게 된다고. 여기에 묶인 글들을 쓰면서 내내 고독했었다. 그러나 그 외로움과 침잠, 내성으로 채워진 시간들을 통해서, 내 자신을 그 어느 때보다도 투명하게 되돌아볼 수 있었으며, 한편으로는 온전한 정신의 자유로움을 만끽할 수 있었다. 그 누구도 무수한 인연의 고리와 다양한 사회적 관계망으로부터 완벽하게 자유로울 수 없을 것이다. 그러나, 역설적인 의미에서 비평가는 그 관계들로부터 자유로울수록, 고독할수록, 주체적이며 독립적인 비평을 쓸 수 있으리라.

문학비평을 본격적으로 시작한 지 15년이 가까워오는 이제서야, 나는 비로소 온전히 하나의 입장을 지닌 자유로운 내 정신을 온몸으로 감지한다. 순천만의 그 드넓은 갈대밭을 지난주에 둘러보면서 이 '자유로움'과 '고독'을 내가 누리고 있다는 사실에 대해서 누구에겐가 감사하고 싶은 마음이었다. 어떤 제도적 억압이나 간섭으로부터도 문학적 자존을 지키고, 어떠한 문화적 편견과 선입견으로부터도 정신의 자유로움을 유지하도록 노력할 것이다. 주로 논쟁적인 글들로 채워진 이 책에 일기·편지·단상·대화 등의 다양한 형식의 글이 수록되어 있는 것도 기존의 천편일률적인 평론 형식으로부터 벗어나고픈 욕망, 말하자면 자유로운 글쓰기에 대한 바램이 반영되어 있는 까닭일 터이다. 이러한 의미에서 이 책이, 비평과 권력에 대한 논쟁적 글쓰기의 엮음이라는 소극적인 의미에서 한 발 더 나아가, 주류 에콜 및 또 다른 비판적 글쓰기와의 논쟁에 적극적으로 참여했던 한 비평가의 실존과 내면, 사유, 고뇌, 열망, 자기 성찰의 기록이라는 문학적인 차원에서 수용되기를 희망한다. 이렇게 본다면, 이 책은 한 사람의 비평가가, 막강한 문학권력과 논쟁하면서 어떠한 방식으로 비판을 전개하고, 어떻게 상처를 받으며, 그 상처를 어떻게 극복해 가는가 하는 과정에 대한 문학적 기록이기도 하다.

누구나 자신의 입장을 제대로 이해 받고 싶다는 욕망을 가지고 있을 것이다. 나 역시 이러한 욕망에서 자유롭지 않다. 그러나 나는 이제 내 입장을 모든 사람들로부터 이해 받고자 하는 생각이 독선적 사유의 다른 표현일 수 있다는 사실을 깨닫게 되었다. 끊임없이 성찰하되, 내 입장에 대한 자존심과 확신을 가지기로 했다. 이러한 의미에서 누구보다도 내 글쓰기에 대해서 따뜻한 관심과 날카로운 질정(叱正)을 베풀어주신 분들께는 마음 깊은 곳으로부터의 고마움을 전하고 싶다. 특히, 고종석·김진석·김명인·유하 형과의 대화는 내 글쓰기를 되돌아보게 하는 소중한 활력소였다. 그리고 무엇보다도 이 책에 수록된 두 편의 글(「비판, 그리고 성찰의 현상학」·「다시 비판의 방법과 형식을 논한다」)에 대해서 공식적인 지면을 통해, 성실한 대화를 시도해 주신 강준만 교수에게도 진심으로 감사 드린다. 그들과의 대화가 아니었다면, 이 책은 적어도 지금보다 한층 성긴 글들로 채워졌으리라.

이 즈음, 나는 어떠한 입장과 연대로부터도 자유로운 유목민적 태도와 상대적으로 특정한 입장을 지지해야 한다는 비판적 지식인으로서의 역할 사이에서 고민하고 있다. 그 고민의 과정에서 내 나름의 비평가로서의 길이 생성되리라. 특정한 입장의 선택 못지 않게 중요한 것은 그 고민의 깊이가 아닐까. 한때는 일부러라도 '비평의 매혹'으로 돌아가려고 했다. 그러나 이제 그러한 조급한 마음을 버리기로 했다. '비평의 매혹／비판적 비평'이라는 이분법이야말로 내가 탈피해야할 허위의식의 일종일 수도 있다. 비판이 그 자체로 빛나는 매혹이 되는 경지를 나는 꿈꾼다. 이제 내 비평의 욕망이 흘러가는 대로, 자연스럽게 글쓰기를 진행하고자 한다. 그 과정에서 이전과는 또 다른 신선한 '매혹'과 청렬(淸冽)한 '비판'을 만나게 되기를 열망한다.

마지막으로, 인문학적 사유와 비판적 지성을 존중하는 소명출판에서 책을 내게 되어 더욱 기쁘고 흔쾌한 마음이라는 사실을 밝혀두고 싶다.

2001년의 화창한 봄날,
자양동 서재에서 한강을 바라다보며
권 성 우

비평과 권력

책머리에 · 5

제1장 다시 비판의 방법과 형식을 논한다 ── 13
: 강준만의 비판에 답하며
1. 문학비평가 강준만 · 13
2. 새로운 패거리주의와 우호적 연대 사이 · 17
3. 다시 비판의 형식과 내용에 대해서 생각한다 ─ 비판을 어떻게 할
  것인가? · 26
4. 『조선일보』를 어떻게 볼 것인가? · 35
5. 글을 맺으며 ─ 비판적 글쓰기의 다양한 분화를 위하여 · 40

제2장 비판, 추억, 그리고 김현 ── 43
: 『문학과사회』 동인들에게
1. 다시 『문학과사회』 동인들을 비판하며 · 43
2. 권오룡의 익명 비판을 어떻게 볼 것인가? · 47
3. 정과리의 호소, 에콜의 모순, 내부 비판의 부재 · 54
4. 비판과 비난 사이 ─ 김현을 이해하기 위하여 · 64
5. 추억, 그리고 새로운 시작 · 79

제3장 비판적 글쓰기에 대해서 다시 생각해 본다 ── 83
1. 비판적 글쓰기 ─ 새로운 문화적 흐름 · 83
2. 실명 비판을 통한, 열린 논쟁문화의 확립 · 84
3. 비판적 글쓰기에 대한 열린 비판을 위하여 · 88

제4장 비판적 글쓰기, 메타비평, 실명 비판 ── 95
1. 비판적 글쓰기에 대한 편견을 너머 · 95
2. 실명 비판에 대하여 · 96

3. 메타비평에 대하여 · 101
4. 비판에 대하여 · 105
5. 글을 맺으며 · 109

제5장 생산적 대화는 어떻게 가능한가? ——— 111
 : 비판, 그리고 성찰의 현상학 2
1. 비판하는 주체의 자기 갱신 · 111
2. 이진우의 불성실한 대화와 선입견 · 115
3. 생산적 대화를 가로막는 익명의 수사학 · 119
4. 다시 생산적인 대화를 위하여 · 128

제6장 비판, 그리고 '성찰'의 현상학 ——— 131
1. 왜 성찰이 문제인가? · 131
2. 강준만 — 성찰의 방법론 · 136
3. 김정란과 자기 확신, 그리고 나르시시즘 · 143
4. 『문학과사회』 — 에콜의 논리와 자기 성찰의 후퇴 · 149
5. 글을 맺으며 — 아름다운 성찰을 위하여 · 177

제7장 비판과 성찰 사이 ——— 181
 : 1998년 여름의 비평 일기
1. 들어가는 말 · 181
2. 비평과 논쟁 · 182
3. 기질 · 184
4. 비평의 운명 · 185
5. 개성적 글쓰기 · 187
6. 이균영 선생이 생각나는 밤 · 188

7. 박혜경 비판 · 189
8. 자기 성찰 · 193
9. 차안에서 듣는 음악에 대해 · 195
10. 진솔함에 대하여 · 196
11. 제목이 바뀌다! · 200
12. 타인의 시선에 비친 나 · 201
13. 진정한 비판이란? · 203
14. 독립적인 문예지 · 204
15. 리포트 읽기의 즐거움 · 206
16. 맺는말 – '매혹'에서 '비판'으로, '비판'에서 '매혹'으로 · 208

제8장 비평과 권력 ──── 211
1. 비평의 권력적 속성 · 211
2. 진정한 에콜정신의 결여 – 『무애』의 경우 · 214
3. 문학적 권위의 자기동일성 – 『창작과비평』의 경우 · 223
4. 반성적 지성의 섹트주의화 – 『문학과사회』의 경우 · 230

제9장 논쟁과 상처 ──── 239

제10장 권성우와의 인문학 데이트 ──── 243
  : 비판적 글쓰기와 논쟁의 의미

다시 비판의 방법과 형식을 논한다

강준만의 비판에 답하며

1. 문학비평가 강준만

문학비평이 문학비평가만이 참여할 수 있는 폐쇄적인 장르가 아니라면, 그리하여 문학에 대한 문제의식을 지닌 논객은 누구라도 참여할 수 있는 열린 장르에 해당된다면, 최근 활발하게 진행되고 있는 문학계와 문인에 대한 강준만의 비판적인 글쓰기는 문학비평계의 입장에서 보더라도 충분한 주목의 대상이 되고도 남음이 있을 것이다. 강준만은 주로 저널룩『인물과사상』을 통해, 백낙청·김병익·김우창·이문열·복거일·김용택·이인화·

이동하, 『문학과지성』·『창작과비평』 등의 문인이나 문학에콜을 비교적 강도 높게 비판한 바 있다(상대적으로 그에게 호의적인 평가를 받은 문인으로는 김종철과 박노해 등 소수에 한정된다. 물론 이 경우에도 그들에 대한 강준만의 비판적 사유는 다소 온건한 방식으로나마 작동하고 있다).

　강준만의 문학계와 문인에 대한 비판적 글쓰기가 지니고 있는 타당성과 논리적 엄밀성 여부는 꼼꼼하게 따져보아야 할 사안이겠지만,[1] 분명한 것은 그의 글쓰기가 문학비평가들이 건드리지 못한, 혹은 의도적으로 피해간 미묘한 사안들에 대해서 대단히 직설적인 비판을 시도하고 있다는 사실이다. 어떤 면에서는 문학계 내에서 진작에 자율적으로 공론화 되었어야할 문학적 사안과 쟁점들이 강준만의 의욕적인 문제제기에 의해서 비로소 본격적인 논의의 대상이 되었던 측면도 존재한다. 이는 "비평을 비평가들에게만 맡겼더니 어떻게 되었나? 비평이 타락했다는 이야기"[2]라는 한 신예비평가의 현실인식이나, '문학을 문학인에게만 맡기면 안된다'라는 강준만의 주장에 비추어서 충분히 수긍될 수 있는 대목이다. 문학장 내에서 자율적인 비판과 열린 대화가 이루어지지 않을 때, 문학에 대한 비판과 성찰

---

　1) 논리적 엄밀성이나, 실체적 진실의 구체적인 검증과정이라는 차원에서 보면, 강준만의 문학비평이나 문인 비판은 보완되어야할 몇몇 문제점을 분명히 지니고 있다. 이에 대해서는 또 다른 차원의 논의가 필요할 것이다.
　2) 이명원의 문학칼럼 「현실 눈감은 비평, 맹수 사라진 정글」, 『한겨레신문』, 2000. 11.6.

을 문학내부의 필자들에게만 기대할 수는 없을 것이다. 나는 강준만의 문학계 비판— 더 근원적으로는 그의 비판적 글쓰기 자체가— 이 현금의 문학장을 지배하고 있는 모순에 대한 투명한 인식과 문학논쟁의 활성화에 커다란 기여를 하였다고 생각하며, 기본적으로 그 비판이 문인이나 문학집단의 자기 갱신과 비판적 성찰을 위해서도 참으로 소중한 역할을 수행하고 있다고 본다. 이러한 의미에서 강준만의 문학장 비판은 그 적극적인 의미를 충분히 인정받을 수 있을 것이다. 그리하여 사실상 강준만의 비판적 글쓰기는 다른 어떤 비평가의 존재보다도 독립적이며 주체적인 비평을 꿈꾸는 상당수의 신예 비평가들에게 근원적인 생각거리와 비평적 화두를 던져온 것이다.[3]

강준만은 최근에 문학에 대한 발언을 한층 적극적으로 시도하고 있다. 예컨대, 『무덤 속의 한국문학』(『시사인물사전』 10권, 2000. 10)이라는 단행본을 통해 강준만은 필자를 포함하여 김정란·정과리·양귀자 등의 문학적 입장과 태도에 대한 다양한 층위의 비판과 옹호의 담론을 선보이고 있으며, 월간 『인물과사상』 2001년 1월호에서는 김정란과 논쟁을 전개하고 있는 비평가 남진우에 대한 단호한 비판을 시도하고 있다. 이렇게 본다면 강준만은 적어도 최근 이삼년 동안, 첨예하고도 미묘한 비평적 쟁점

---

3) 특히, 강준만의 비판적 글쓰기와 권력 비판은 『비평과전망』 동인들을 위시한 상당수의 문학비평가와 문화비평가들에게 커다란 영향력을 미쳐온 것으로 보인다.

에 대해서 그 어떤 비평가 못지 않게 활발하게 발언을 해 온 셈이다. 그렇다면, 이러한 강준만의 일련의 문인 비판에 대해서 비판의 대상이 된 당사자들은 어떠한 반응을 보였던 것인가? 필자의 정보 한도 내에서 말하자면, 『인물과사상』 2월호에 수록된 남진우의 본격적인 반론을 제외하면, 백낙청 선생이 인터넷 창비 홈페이지의 자유게시판에서 강준만의 비판적 글쓰기에 대한 간단한 입장 표명을 밝힌 것 ─ 그 마저도 상당히 추상적이며 원칙적인 발언에 불과하지만 ─ 을 포함하더라도 대응이라고 할 만한 논의가 거의 없었다고 기억된다. 왜 이러한 상황이 발생했을까? 그 이유 중의 하나로 사회과학자의 문학적 견해를 단지 문단 외부의 시각으로 간주하려는 입장을 들 수 있을 것이다. 말하자면, '강준만이 문학을 안다면 얼마나 아는가?' 식의 문단 내부 / 외부의 분리주의적 시각이 강준만의 문제제기를 무시하는 심리적 편향의 정체가 아니었을까 싶다. 이러한 의미에서 지금 우리 비평계에 절실히 필요한 것은 강준만이 제기한 문학적 쟁점의 타당성을 철저하게 따져보는 구체적 작업이다. 편견과 냉소[4]가 판치는 이 즈음의 비평계 풍토에서 보면 어찌되었든 강준만의 비판에 대한 반론을 발표하는 것 자체가 지난 연대에 지독히도 상투적으로 주장되어 왔던, 저 '열린 대화'의 기본이

───────────────

4) 최근에 김선우 시인은 한 대담에서 "세계에 대한 냉소는 세계로부터 상처받은 자가 취할 수 있는 가장 편안하고 손쉬운 방법"(웹진 『INSWORDS』, http//www.inswords.com)이라고 말한 바 있다.

아니겠는가.

이 글은 바로 이러한 문제의식에 따라, 『무덤 속의 한국문학』에 수록된 김정란과 필자에 대한 강준만의 견해를 중심으로, 강준만이 제기한 몇몇 문학적 쟁점들에 대한 구체적인 의견을 밝히고자하는 의도에 의해 씌어진다. 그러므로 이 글은 강준만의 권성우론인 「비판의 형식과 내용에 대해」(『무덤 속의 한국문학』)에 대한 필자의 화답이기도 하다.

2. 새로운 패거리주의와 우호적 연대 사이

『무덤 속의 한국문학』을 읽으면, 강준만의 입장에서 평가한 문인들의 호오(好惡)에 관한 비교적 선명한 그림이 떠오른다. 그는 주로 『조선일보』에 대한 입장, 문학계의 모순에 대한 인식, 패거리주의에 대한 태도를 중심으로 김정란·양귀자·정과리·권성우 등의 문인들을 상대적으로 평가하고 있다. 그 중에서 강준만이 가장 적극적으로 지지하고 있는 문인은 예상대로 단연 김정란이다. 조선일보 문제를 둘러싸고, 일종의 연대 관계에 있는 강준만과 김정란이 서로에 대해서 지지를 보내는 것은 자연스러운 일이다. 그러나 나는 다른 한편으로 강준만 특유의 예리한 비판적 사유가 김정란의 글쓰기에 대한 평가에도 어떤 방식으로든지 — 예를 들어 애정 어린 조언이라는 형식으로라도 — 스며들리라는 기대를 했었다. 『무덤 속의 한국문학』에 수록된 「문언유착에 도전한 시인 - 김정란」을 읽기 전까지는. 그러나 단도직입적으로 말해서 바로 그 글을 읽고, 강준만에 대한 신뢰감의 한 축이 흔들리는 체험을 했다. 적어도 강준만이 김정란에 대한 글을 쓰기 이전에 발표한 문학비평이나 문학계 비판은 그 대의 면에서 충분히 동의할 수 있는 유의미한 대목이 많았다.[5] 그러나 이번에 강준만이 발표한 김정란론은 그가 지금까지 전개한 소중한 비판적 글쓰기의 의미를 명백히 퇴색시키고 있다.

다시 한번 강조하건대, 문제는 강준만이 김정란을 지지한다는 사실 자체가 아니다(자신이 옳다고 생각하는 사람을 열렬하게 지지한다는 것이 무슨 문제가 되겠는가). 여기서 분명하게 살펴보아야 할

---

5) 한편 『무덤 속의 한국문학』에 수록된 강준만의 정과리와 양귀자 비판도 흥미롭다. 강준만은 그들에 대해 대체로 단호하고 가차없는 비판을 가하고 있다. 그의 김정란 극찬과 달리, 정과리 비판과 양귀자 비판에 대해서는 상당 부분 동의할 수 있다. 특히 정과리 비판의 경우, 지금까지 비평계 자체에서는 본격적으로 논의되지 못한 정과리 비평의 몇몇 중대한 한계가 강준만의 비판에 의해서 제대로 드러나고 있다는 사실은 주목을 요한다(아울러, 신철하의 「비평의 생태학」(『애지』, 2000년 겨울호) 역시 정과리에 대한 유의미한 비판의 사례로 손꼽을만한 평문이다). 특히 정과리가 외국이론의 현학적이며 과시적 구사를 통해 자신의 주장을 궁색하게 옹호하고 있다는 점, 안티조선이나 비판적 글쓰기에 대한 정확한 정보와 충분한 독서 없이 선입견에 근거한 오만한 비판을 전개하고 있다는 점 등등의 대목은 정과리 비평의 한계를 정확하게 지적하고 있다. 정과리 비평의 독특한 성취와 한계를 세심하게 살펴보는 작업에 관심이 많은 나로서는 강준만과 신철하의 정과리 비판으로부터 많은 것을 배웠다. 정과리 비평의 현란하지만 교묘한 자기 옹호논법은 앞으로 치밀하게 분석되어야 할 비평적 테마일 것이다.

것은 그가 김정란을 지지하는 비평담론의 수사학과 전략이 지닌 문제점이다. "놀라운 감동으로 다가온 김정란", "김정란에게서 되찾은 '시인의 위대함'" 등의 중간제목에서 볼 수 있듯이, 강준만은 김정란에 대한 시종일관 엄청난 찬사와 호평을 아끼지 않고 있다. 좀더 구체적인 예를 들어 보자. 강준만은 김정란이 「조선일보를 위한 문학」에서, 『조선일보』와 90년대 스타작가들의 특이한 유착 행태를 비판한 구절을 인용한 후에 다음과 같이 말한다.

> 아는 사람은 안다. 위와 같은 말을 얼마나 듣고 싶었던가! 안개처럼 희뿌옇게 가려져 있던, 그러나 무언가 음험한 기운이 솟아 나오는, 그곳을 이렇게 날카롭게 분석하면서 폭로해줄 그 누군가를 그 얼마나 기다렸던가.[6]

위와 같은 극도의 센티멘탈한 표현을 어떻게 보아야 할까? 타인의 글이 지닌 한계와 모순, 근거 없는 과찬을 누구보다도 예리하게 적발하는 강준만이 김정란에게 그토록 "놀라운 감동"과 '감탄'을 표명하는 것이 과연 엄정하고 타당한 비평 행위에 해당되는 것일까? 그리하여, 강준만은 김정란의 주장에서 그 어떤 문제점과 논리적 모순도 발견하지 못한 것일까? 안티조선이라는 대의를 앞에 둔 연대 관계이기 때문에, 그 대의가 훼손되는 것을 막기 위해서 의도적으로 김정란의 좋은 면만을 보았던 것인가? 이러한 얘기를 하기 전에, 우선 다음과 같은 입장을 밝

---

6) 강준만, 「문언유착에 도전한 시인」, 『무덤 속의 한국문학』, 100면.

혀두어야 할 것 같다. 나는 기본적으로 언젠가 비판적으로 검토했던 「조선일보를 위한 문학」을 발표한 이후 씌어진 몇몇 글에서 김정란이 보여준 자기 갱신과 투철한 비판정신에 대한 최소한의 신뢰감은 지니고 있다. 세간의 풍문대로 설사 김정란의 비판적 글쓰기가 개인적인 감정에서 출발했다 하더라도, 그 문제 제기와 논리가 타당하다면, 우리는 김정란의 논리에 기꺼이 머리를 수그려야 할 것이다. 적어도 문학권력의 부정적인 면에 대한 김정란의 비판은 그 문제 환기적 효과만으로도 높이 평가되어야할 대목이 존재한다고 할 수 있다. 이러한 면에서 김정란의 비판적 글쓰기를 단지 소외된 자의 왜곡된 욕망에서 배태되었다고 매도하는 인터넷상의 상당수의 주장들은 단선적이며 야비하다.7) 그러므로 김정란이 주장하는 논리의 지평에는 눈을 감은 채, 개인적 신상이나 캐릭터를 가지고 타자의 논리에 흠집을 내고자 하는 억지주장에 대해서는 단호한 비판이 필요할 것이다.

그러나, 이러한 사실과는 별도로 김정란의 주장이 지닌 타당성 여부에 대해서는 실체적 진실의 규명 차원에서 좀더 엄밀한 분석과 검증이 요청되는 것이 사실이다. 나는 김정란의 「조선일

---

7) 이러한 의미에서, 김정란을 정확히 지칭하는 것은 아니지만, "저는 어떤 공격적 지식인의 공격적 발언이 지극히 사적인 동기에서 출발했다는 것을 잘 알고 있습니다. 그렇기 때문에 비판도 이성적이지 못하고 극렬한 감정적 비난의 선을 벗어나지 못하고 있습니다"라는 식으로 비판적 글쓰기의 동기를 구체적 근거 없이 비판한 정과리의 주장(문학과지성사 홈페이지 <문지마당> 48번 글 「허백씨와 현수씨에게 답합니다」)은 전혀 그답지 않은 졸렬한 사고의 소산이다.

보를 위한 문학」을 위시한 문학권력 관련 글들이 지닌 문제제기 효과의 적극적 의미를 기꺼이 인정하지만, 동시에 그 주장들 중에서 몇몇 주장은 충분히 검증되지 않은 가설이거나 예단에 불과하다고 생각한다.[8] 동시에 남진우의 「김정란 일병 구하기 2」(월간 『인물과사상』, 2001년 2월호)나 기왕에 『문학동네』 편집진에 의해 작성되었지만 공식적으로 발표되지 못한 「가짜 귀신소동— 그 허망한 전말」에서 피력된 몇몇 주장들은, 그 냉소적이며 일부 인신 공격적인 성격에도 불구하고 김정란의 주장이 지닌 논리적·실증적 오류를 밝히고 있다고 판단한다.[9]

---

8) 그 대표적인 실례로 김정란의 은희경 비판의 한 대목을 들 수 있다. 『닥터 지바고』의 유리의 예를 들어 "인간의 나약함과 모순을 인정해"주자는 은희경의 역설적 화법을 곧이곧대로 해석하여, 은희경의 반페미니즘적 태도에 대해서 일갈하는 김정란의 주장(「조선일보를 위한 문학」)은 넌센스가 아닐까? 아울러 은희경과 신경숙을 조선일보가 특별하게 키워주었다는 식의 주장도 좀더 구체적인 논거와 면밀한 검증과정을 통해 논리적으로 입증되지 않는다면 성급한 예단일 수 있다. 다만, 『월간조선』의 모욕적인 인터뷰 대상이었던 몇몇 작가들이 그 사안에 대한 아무런 자의식이나 언급 없이, 그 직후에 『조선일보』 인터뷰나 기고에 참여한 것은 분명 '문학적 자존심'을 팽개친 사려 깊지 않은 행동이었다.

9) 서로의 입장에 따라, 상이한 결론이 도출될 수 있는 쟁점을 제외한다면, 적어도 인터넷에서 검색어를 통해, 『문학동네』와 『조선일보』의 유착을 주장한 김정란의 논리는 이미 『문학동네』 측에서 밝힌 것처럼 검색 방법의 객관성을 상실하고 있다(그 주장은 『창작과비평』의 인터넷 홈페이지 자유게시판에 「김정란씨에게 묻는다」라는 제목으로 올라와 있다). 한편 『문학동네』 역시 김정란이 제시한 통계 수치의 문제점과 관계없이, 『문학동네』 초창기 편집진의 구성이 언론유착에 대한 혐의를 불러일으킬 만한 요소가 있었다는 점을 인정해야 하지 않을까? 보다 근본적으로 『문학동네』가 주장하는 '문학적 진정성'이나 '문학으로의 귀환' 등의 모토에 값하는 에콜의 선명한 자기정체성과 자기 성찰이 실제 출판 작업이나 비평 작업을 통해 얼마나 제대로 구현되었는지에 대한 근원적인 성찰이 필요한 것으로 보인다. 이러한 의미에서 보면, 「메두사의 시

사실 김정란과 남진우를 위시한 『문학동네』 사이의 논쟁은, 분명히 어느 한 쪽의 주장이 일방적으로 옳다고 말할 수 없는 복합성을 지니고 있다. 적어도 이 문학적 사안에 관한 한, 어느 한 쪽의 손을 들어주는 것보다 더욱 긴요한 작업은 서로간의 주장이 첨예하게 맞서는 몇몇 쟁점에 대한 정확하고도 구체적인 확인이다(이러한 의미에서라도, 애초에 『인물과사상』에 수록되기로 했던 『문학동네』 측의 반론들이 어느 지면을 통해서든 시급히 공개되어야 마땅하다고 본다). 이러한 내 입장은 일종의 양비론인가? 양비론이 지닌 원천적인 부정적 함의를 걷어내고 본다면, 적어도 김정란과 『문학동네』 간의 논쟁은 양비론의 입장이 유효한 대목이 많다고 여겨진다. 어떤 의미에서는 끝끝내 엄정성을 유지하는 성실한 양비론이야말로, 서로에 대해서 지나치게 감정적으로 접근하고 있는 양측으로부터의 '비판적 거리'를 유지하면서 실체적 진실과 논쟁의 맥락에 정확하게 접근할 수 있는 유력한 선택이 아닐까?

그럼에도 불구하고, 내 입장을 밝히라면 이런 식으로 말할 수는 있겠다. 적어도 『문학동네』와 김정란 사이에 형성된 쟁점의 실체적 진실이나 실증적 사실의 면에서는 『문학동네』 측의 주장에 상대적인 설득력이 있다. 그러나 문학권력 논쟁이 단지 실증적, 실체적 차원에서만 조망할 수 없는 복잡한 맥락을 지니고

－김언희의 시세계」라는 평문의 '보유'라는 궁색한 형식을 빈 남진우의 김정란 비판은, 그 논의의 타당성을 논외로 하더라도, 전혀 유쾌하지 못하다.

있다는 점을 도외시할 수는 없을 것이다. 권력이 작동하는 방식이나 그 역학관계, 그 억압과 배제의 표정들은 대개 명명백백하게 논리적으로 규명하기가 거의 불가능할 정도로 다차원적으로, 무의식적으로 수행된다(여기서 '진실은 실체적으로 존재하는 것이 아니라 권력에 의해서 관리되는 것이다'라고 갈파한 푸코류의 언급을 자세히 되풀이할 필요까지는 없을 것이다). 그러므로 권력이 불건강하게 작동하는 방식을 논리적으로 포착하지 못했을 때,[10] 그리고 김정란과 같이 권력자에 대한 적개심에서 배태된 권력 비판자의 감정적 대응이 논리를 앞서 나갔을 때, 권력 비판의 주체는 대개 논쟁의 구도에서 논리적 모순을 자행하기 십상이다. 아울러 이러한 감정적 비판은 논쟁의 구도를 극단적인 감정적 대치 상태로 몰고 가, 상대로 하여금 최소한의 자기 성찰조차 이끌어내지 못한다. 이러할 때, 양쪽에게 남은 것은 복수심과 연민, 증오 등의 감정으로 뭉쳐진 비수의 칼날일 뿐이다. 논쟁이 이런 식으로 전개되면, 제 삼자가 이 논쟁에 끼어 들어, 생산적 논의를 전개할 여지는 거의 없다. 이 논쟁에 참석하는 순간, 그는 자동적으로 어느 한 쪽 편으로 편입될 수밖에 없는 운명이 되는 것이다. 이 논쟁의 딜레마는 바로 여기에 있는 것이 아닐까?

그래서 당신은 도대체 누가 이 논쟁에서 승리한 것이라고 판

---

10) 이를테면, 왕따의 피해자가 그 왕따 현상에 대해서 순전히 논리적인 차원에서 입증할 수 있을까? 쉽지 않을 것이다. 바로 그래서, 너 자신의 성격적 결함으로 인해 왕따를 자초했다는 논리가 통용되는 것이다.

단하고 있는가? 라고 묻는 목소리들이 지금 내 귓전을 스친다. 그러나 과연 이 논쟁은 승패의 차원에서 논의되어야할 논쟁일까? 아니다, 그렇지 않다. 궁극적으로 이 논쟁은 논리적 우열의 규명 못지 않게 그 논쟁이 환기시킨 문제의식의 맥락과 파장이 중대한 의미를 지니고 있다. 김정란이 구사하고 있는 일부 논리적 모순과 실증적 오류에도 불구하고, 그가 환기시킨 권력 비판의 의미를 무효화할 수 없는 이유가 바로 여기에 있다.

여기까지 말하고 나니, 다음과 같은 일련의 의문들이 스쳐 지나간다. 위에서 개진한 필자의 입장은 양쪽으로부터 모두 호의적인 반응을 얻으려는, 강준만의 표현에 의한다면, 명분과 실리를 모두 취하려는 관점일까? 오히려 그 반대일 수도 있다. 경우에 따라서는 그 어느 쪽으로부터도 환영받지 못하는 고독한 입장이 특정한 입장을 전략적으로 선택한 논자들에게 양비론이라는 이름으로 불릴 수도 있는 것이 아닐까. 실상 진실은 이러한 철저한 고독과, 단선적인 흑백논리로는 포착할 수 없는 복합적인 사유의 언저리에서 어른거리고 있는 것이리라. 만약 그러한 태도가 양비론이라는 이름으로 비판받는다면, 나는 그 비판을 기꺼이 접수하겠다.

강준만이 김정란의 논리가 지니고 있는 한계와 모순을 전혀 모르고 있으리라고는 생각되지 않는다. 그렇다면 시종일관 김정란에 대한 극찬과 이례적인 호평으로 이루어진 강준만의 김정란론은 일종의 전략적 글쓰기인가? 만약 그렇다면 그 글은 그가 평소에 강조해 마지않았던 어떤 이해관계로부터도 자유로운 '냉철한 비판적 글쓰기'의 대의를 근본적으로 훼손시키고 있다고 보아도 무방하다. 그러므로 강준만의 글쓰기에 대해서 "개인적 호오에 따라 비판 정도가 철퇴와 솜방망이를 오간다"는 한 네티즌의 지적은 충분히 되새겨 볼만한 가치가 있다. 이와 연관하여, 강준만의 김정란 옹호가 지닌 문제점을 논하면서 "그가 사실의 논리적 규명보다 지나치게 '김정란 편들기'란 목적에 매달렸기 때문이라고 본다"[11]고 파악하는 남진우의 관점은 김정란과 연관된 강준만의 글쓰기가 지닌 아킬레스건을 건드리고 있다고 판단된다.

인터넷 게시판이나 공식적인 지면을 통해서, 김정란과 안티조선·강준만·진중권 등이 서로의 입장에 대해서 지지를 보내는 것을 부정적인 의미에서의 패거리주의로 바라볼 필요는 없을 것이다. 강준만과 진중권의 논쟁에서 보듯이, 경우에 따라서 그들은 서로간의 치열한 논쟁을 수행하기도 한다. 굳이 표현하자면, 안티조선을 둘러싼 그들의 관계는 '느슨한 연대'로 불릴 수 있으리라. 그러나 강준만의 김정란론은 그 소중한 '연대'가 어느 순간 '부정적인 의미에서의 패거리주의'로 변질될 가능성을 보여주고 있는 대단히 불길한 징후이다. 과연 강준만의 김정란론은 그가 평소에 비판해 마지않았던 패거리주의에서 얼마나

---

11) 남진우, 「김정란 일병 구하기 2」, 『인물과사상』, 2001년 2월호, 177~178면.

자유로운 것일까? 강준만과 김정란이 서로에 대한 열린 비판을 전개할 수 있을 때, 우리는 그들의 비판적 글쓰기에 대한 신뢰감을 다시 회복할 수 있을 것이다. 강준만과 김정란이 서로를 지켜보고 감시하면서도, 근본적인 대의에 대한 공감을 통해 함께 연대하는 관계가 되기를 바란다. 그러한 관계가 진정 아름다운 연대 관계가 아니겠는가.

3. 다시 비판의 형식과 내용에 대해서 생각한다 —비판을 어떻게 할 것인가?

『무덤 속의 한국문학』에 수록된 강준만의 「비판의 형식과 내용에 대해」는 필자의 「비판, 그리고 성찰의 현상학」(『문예중앙』, 1999년 가을호)에 대한 반론이다. 이 글을 읽고 '비판을 과연 어떻게 할 것인가?'라는 중대한 문제에 대해서 많은 생각과 고민을 진행할 수 있었다. 우선 강준만의 비판을 통해 내 자신도 명확하게 의식하지 못하고 있었던 한계와 편향들에 대해서 성찰할 수 있었다는 점에 대해서 분명히 밝혀두고자 한다. 나는 강준만의 비판 중에서, 필자의 김정란 비판이 결과적으로 그 의도에 관계없이 김정란이 제기한 소중한 문제의식의 사회적 가치를 희석시키는 방향으로 해석될 수 있다는 지적과 "상업주의적 맥락"이라는 표현이 오해를 살 수 있다는 사실에 대해, 그리고 특히 무엇보다도 "나는 권성우가 자신의 사회적 희소가치에 주목해 완벽주의와 상아탑주의의 유혹에서 벗어나 비판의 횟수를 좀더 늘려주기를 바란다"는 조언의 맥락에 대해 겸허하게 인정하고 싶다. 이러한 면에서 장문의 글을 통해, 나에게 자기 성찰의 소중한 기회를 제공해준 강준만에게 마음 깊은 곳으로부터 감사 드린다. 그러나 강준만의 비판 중에서는 이러한 사실과 별도로 동의하기 힘든 몇몇 대목들이 있었다. 이제 그 부분에 대해서 말해보자.

강준만은 "비판의 목적은 오직 대화인가"[12](강조-인용자)라는 문제제기를 하면서 나의 김정란 비판을 문제삼고 있다. 그런데 '오직'이라는 부사는, 마치 필자가 대화를 전제하지 않은 모든 비판은 무의미하다고 생각하고 있다는 어감을 풍기고 있다. 물론 나는 "비판이 궁극적으로 타자와의 대화의 일종이며, 타자의 논리가 지닌 한계와 모순을 지적하는 방식을 통해 타자에게 자기 성찰과 자기 갱신의 기회를 제공하는 것이라면, 김정란의 이 회심의 비판은 결코 성공할 수 없을 것이다"[13]라는 표현을 구사한 바 있다. 그러나, '궁극적으로'와 '오직'은 결코 동일한 선상에서 유추될 수 있는 단어가 아니다. 그러므로 "만약 비판의 목

---

12) 강준만, 「비판의 형식과 내용에 대해」, 『무덤 속의 한국문학』, 인물과사상사, 2000.10, 115면.
13) 권성우, 「비판, 그리고 성찰의 현상학」, 『문예중앙』, 1999년 가을호, 77면.

적이 오직 대화라면 '풍자'·'독설'·'격문'·'고발'·'양심선언' 등
은 매우 나쁜 유형의 비판이 될 것이다"[14]라는 강준만의 주장
은 그 자신이 자의적으로 설정한 기준('오직'?의 희한한 용법을 보라)
에 의해 대화의 개념을 한껏 축소시킨 발언에 불과하다. 이러한
발언은 「조선일보를 위한 문학」을 일종의 '격문'으로 읽어달라
는 김정란의 주장[15]과 정확히 부합된다. 적어도, 비판적 글쓰기
에 대해서 진지하게 고민해 본 논자라면, 격문이나, 양심선언
등의 형식이 지니고 있을 고유한 비판적 의미를 결코 부정하지
않을 것이다. 오히려 이렇게 말할 수 있을 것이다. 격문 역시 비
판의 대상뿐만 아니라 그 글을 읽는 모든 사람들에게 치열한 비
판적 의식을 폭넓게 확산시키고자 하는 또 다른 대화의 방식이
라고. 격문은 그 격문을 읽는 사람을 논리적으로 설득하여, 실
천으로 나아가게 만드는 글쓰기의 형식이라고. 그러므로 대화는
단지 논쟁의 당사자 사이에서만 이루어지는 것은 아니다. 논쟁
에 관심을 가진 모든 사람들을 대상으로 자신의 논리를 관철시
키는 과정 역시 대화이다. 일찍이 플라톤의 『소크라테스의 변
명』이 여실히 보여 주었듯이, 논리적 설득력을 확보하기 위한
치열한 투쟁의 과정이 다름 아닌 '대화'가 아닐까. 바로 이러한
이유 때문에 격문이라고 해서, 비판의 형식과 방법에 결코 둔감

---

14) 강준만, 「비판의 형식과 내용에 대해」, 『무덤 속의 한국문학』, 115면.
15) 김정란, 「'그들'의 문학, 그 치명적인 얽힘-권성우·고종석의 글에 대한 반
　　론」, 『인물과사상』 12호, 개마고원, 1999.10.

할 수 없는 것이다. 오히려 격문은 근본적으로 그것의 효과를 위해서 그 톤과 형식을 오히려 치밀하게, 전략적으로 배려할 수밖에 없는 형식이 아닌가? 소수자의 독특한 미학적 감성이 그 자체로 하나의 고유한 풍경일 수 있는 문학평론과 달리 격문은 정서적·논리적 공감대 확보의 문제가 그 성패를 규정하는 가장 중요한 관건일 것이다. 지금까지 설명한 의미에서, 비판은 그 방법에서 차이가 있을지언정, 근본적으로 대화이다. 그러므로 '대화를 포기한, 아니 포기할 수밖에 없는 비판'16)은 존재하지 않는다. 엄밀하게 말해서 대화에 실패한 비판만이 존재할 뿐이다. 제대로 된 풍자·독설·격문·고발·양심선언은 그 비판의 대상자는 논외로 하더라도, 그것을 읽는 사람들을 설득하기 위해서라도 치열한 대화적 투쟁이 되지 않을 수 없다.

그렇다면, 「조선일보를 위한 문학」의 경우는 어떠한가? 그 글을 김정란이나 강준만의 주장대로 '격문'이라고 보자. 그래서 그 격문의 목적과 전략이 제대로 달성되었는가? 김정란의 주장대로 은희경과 신경숙이 『문학동네』와 유착된 『조선일보』의 키워주기에 의해서 과대 평가되었다는 사실이 구체적으로 입증되었는가? 문학권력에 비판적인 대부분의 문인들, 아니 그동안 문학권력 논의를 주도했던 비평가들만이라도 「조선일보를 위한 문학」에서 김정란이 제기한 문제의식에 논리적으로 흔쾌히 공

---

16) 강준만, 「비판의 형식과 내용에 대해」, 『무덤 속의 한국문학』, 125면.

감하고 있는가? 적어도 지금까지 전개된 김정란의 주장들이 이러한 일련의 물음들에 대한 만족스런 답변을 이끌어내지 못하고 있다는 점은 강준만 자신이 스스로 인식하고 있을 터이다. 김정란의 격문이 지닌 사회적 파장과 문제 환기 효과를 아무리 적극적으로 인정한다 하더라도, 그에 대한 비판적 질문이 지속적으로 던져져야 하는 것이 아닐까? 강준만의 김정란론과 같이, 한 담론의 사회적 효용성이나 문제파급 효과에만 주목하면서, 그 논리적 한계에 대해서 눈감는 작업은 엄밀한 의미에서의 '비판적인' 태도라고 할 수는 없을 터이다.

대화의 방법, 비판의 형식과 연관하여, 필자의 『문학과사회』 (이하 '문사'로 약칭) 비판에 대한 강준만의 다음과 같은 언급 역시 흥미로운 대목이다.

> 예컨대, 문학과지성사 사람들이 권성우와의 논쟁에 권성우가 바람직하다고 생각하는 방식으로 응할 것 같은가? 천만의 말씀이다. 그들을 아직도 모르시나? 그들은 이미 문학권력에 중독된 사람들임을 알아야 한다. 정과리, 한마디로 진기한 연구 사례다. 나는 그가 최근에 문학과지성사 게시판에 올린 글을 읽고 깜짝 놀랐다. 이럴 수가! 문단 패거리가 한 똑똑한 문학 청년을 어떻게 타락시킬 수 있는지, 정과리는 그걸 온몸으로 보여주고 있다. 정과리 '선배'를 무척 좋아했던(또는 지금도 좋아하는?) 권성우로서는 그래도 어떻게 해서든지 화기애애한 대화를 나누고 싶겠지만, 그럴수록 권성우의 좌절과 절망감만이 깊어질 뿐이라는 게 내 생각이다.17)

---

17) 위의 글, 147면.

과연 그럴까? 예를 들어, 필자의 문사 비판 방식과 강준만이 바람직하게 생각하는 김정란의 비판 방식 중에서, 어느 쪽이 더욱 효과적인가의 문제는 생각보다 단순하지 않은 것 같다. 격문이라고 주장할 정도의 직설적인 비판이, 대화를 염두에 둔 비판보다, 더욱 소중한 논쟁의 성과를 획득하고 상대방의 모순을 제대로 드러낼 수 있을까? 오히려 김정란과 『문학동네』간의 논쟁에서 볼 수 있듯이, 감정이 앞선 직설적인 비판은, 그 의의를 축소시킬 만큼 폐해도 많다. 때로는, 치명적인 역공을 받아, 팽팽한 감정적 대치의 와중에서 애초의 소중한 문제의식마저도 훼손당할 가능성도 있다. 필자가 문사와 논쟁하면서 '대화'를 특별하게 강조한 이유는 평소에는 '열린 대화'와 '자기 성찰', '대화적 상상력' 등의 표현을 구사하는 문사와 같은 유서 깊은 에콜이, 정작 자신들의 권력에 대한 비판 앞에서는 얼마나 반대화적이며 독선적인가를 자연스럽게 드러내기 위해서였다(물론 이러한 의도가 얼마나 효과적으로 달성되었는가의 문제는 독자가 판단할 사항이리라). 그러므로 문사를 제대로 비판하기 위해서는 철저하게 대화적인 태도를 고수해야 하지 않을까? 실상 나의 문사 비판은 표면적으로는 문사를 향한 비판적 대화였지만, 보다 궁극적으로는 문사와 필자의 논쟁을 지켜보는 사람들을 향한 대화 걸기였다. 그런데 필자와의 논쟁의 과정에서 문사가 평소에 그 중요성을 강조해 마지않은 대화를 스스로 포기했다는 사실보다 문사의 논리적 난맥상을 효과적으로 보여주는 증거는 없을 터이다.

말하자면, 대화를 강조하는 필자의 글쓰기는 어떤 의미에서는 의식적인 '비평의 전략'의 소산이었던 것이다. 지금까지 설명한 의미에서, 필자의 비판 방식이 강준만이 높이 평가하는 김정란의 방식보다 효과가 적다고 여겨지지는 않는다.

그러므로 나는 강준만의 추측과는 전혀 달리, 결코 좌절에 빠진 적도 없었고 절망감을 느낀 적도 없었다. 물론 정과리의 글쓰기에 대해서는 다소간 입장 변화가 있었다. 예리하면서도 정직한 글쓰기를 전개하면서 사회와 문학의 긴장 관계를 성실하게 보여주던 정과리는, 이전의 현란한 비평적 테크닉과 독특한 문학적 감성은 여전하지만, 이제 자신이 지닌 문학권력의 확장과 관리에 골몰하는 신판 보수주의자가 되었다. 물론 나는 최근에 씌어진 정과리의 상당수 글들, 특히 그 중에서도 문학권력 논의와 연관된 비평문들을 신뢰하지 않는다.[18]

강준만은 글쓰기에 있어서, "스타일과 알맹이가 상호 무관하지 않다는 걸"[19] 강조하고 있다. 너무나 당연한 말이다(그가 권성

---

18) 6년 전, 나는 정과리에 대해 다음과 같이 언급한 적이 있었다. "그는 그 또래의 어떤 비평가보다도, 아니 정확히 말하자면 어떤 선후배 비평가보다도 문제를 근원적으로 사고하는 비평가이다. 문제를 근원적으로 생각한다는 것은 그 사태의 핵심과 본질에 정면으로 다가서는 것을 의미할 터인데, 그가 구조와 제도에 관심을 기울이는 것은 바로 '근원'을 규정하는 것이 그것들이기 때문이다. 이러한 의미에서 그는 넓은 의미에서 구조주의자이다. 그렇지만 그는 그 구조 자체도 뒤집어보는 부정적 상상력을 지니고 있어서, 구조와 제도에 대한 정교한 관심을 현실에 대한 가열한 반성으로 되돌려놓는 탁월한 능력을 지니고 있다."(『리뷰』, 1995년 봄호) 적어도 6년 여 전의 시점에서는 이 지적이 유효했었다는 생각이다. 그러나 정과리는 지금 이러한 자리에서 얼마나 멀어져 있는가!

우론의 제목을 「비판의 형식과 내용에 대하여」로 한 것도 이러한 맥락에서 이해될 수 있다). 이러한 지적은 강준만이 주장하는 논리와 내용에 대해서는 분석적으로 따져보지 않은 채, 그의 글쓰기 스타일을 거칠다, 인신공격이다, 등등의 빌미로 공격하는 세련된(?) 비판을 염두에 둔 듯하다. 충분히 일리 있는 지적이다. 그러나 나는 강준만이 한번쯤 거꾸로 생각을 해 주었으면 좋겠다. 말하자면 글의 스타일이 역으로 글의 내용을 규정할 수도 있다는 것이다. 상당수의 문인들이 김정란이 전개하고 있는 비판의 원론적 취지에 동감하면서도 흔쾌하게 신뢰를 보내지 못하는 것은 과연 무엇 때문일까? 그들은 김정란의 글쓰기 스타일이 바로 김정란이 일구어나갈 세상의 내용과 기획까지도 짐작하게 만든다고 보는 것이 아닐까? 형식 속에는 이미 그 형식이 담보해 나갈 내용의 이미지와 밀도, 청사진이 섬세하게 아로새겨져 있는 것이 아닐까. 형식 속에 모든 것이 있다, 디테일 속에 신이 존재한다, 혹은 세부 속에 진실이 있다는 식의 에피그램들이 바로 이러한 의미에서 생성된 것이리라. 더 나아가, 싸움(비판)의 형식이 그 싸움(비판)이 획득해낼 사회의 내용을 규정한다는 말도 할 수 있겠다. 그러므로 우리는 '한낱' 스타일이라고 말해서는 안된다. 어느 순간 스타일 자체가 비판의 내용을 재구성할 수 있다는 점을 인식해야 한다. 아마도 악역을 기꺼이 담당하겠다고 자처한 강준만이 보기에는 이러한 입장은 참으로 한가한 태도에서 배태된

19) 강준만, 「비판의 형식과 내용에 대해」, 『무덤 속의 한국문학』, 148면.

사치스러운 욕망으로 보일 수도 있을 것이다. 그러나, 때로 스타일에 모든 것을 거는 그 한가함 속에서, 문화적 성숙, 이론의 성숙, 논쟁의 성숙이 이루어지는 것이 아닐까? 아마 이러한 점들이 나와 강준만의 차이일 것이다. 이 차이가 적대적인 차이가 아니라, 서로에게 결여된 것을 배울 수 있는 '생산적인 차이'가 될 수 있기를 진심으로 희망한다.

격정과 분노로 충만된, 그리하여 매서운 비판의 메타포로 진실의 핵심에 단번에 육박하는 직설적인 글쓰기의 소중함을 누군들 인정하지 못하겠는가. 그런데, 그 치열성, 분노가 섬세한 논리적 추론과정과 자기만의 스타일을 동반하는 것은 과연 양립 불가능한 것인가? 그렇지 않을 것이다. 언뜻 생각해 보니, 김수영의 글들과 『전태일 평전』이 떠오른다. 그것은 뜨거운 분노, 정당한 논리, 개성적인 스타일이 거의 완벽하게 맞물린 하나의 '작품'이자 '아름다운 격문'이었다. 모든 비판적 글쓰기가 그러한 경지에 도달할 수는 없을 것이다. 지금 씌어지는 이 글이 그러하듯이. 다만, 스타일과 내용을 별개로 생각하는, 그리하여 내용이 옳으면 스타일은 아무래도 좋다는 비판적 글쓰기 경향이 경화되면, 어느 순간 비판적 글쓰기의 자장 자체가 대단히 단순해지고 황폐해질 것이다. 물론 자신의 비판적 글쓰기가 내포하고 있는 의미를 '악역'이라고 정의한 강준만의 역할은 그 자체로 소중하다. 그렇다면 그 악역 이후는? 강준만의 악역이 비판적 글쓰기의 다양한 개화와 융성의 밑거름이 될 수 있게 하기 위해서라도, 강준만의 글쓰기에 대한 비판은 필요하다.

지금까지 설명한 의미에서 강준만의 김정란론 「문언유착에 도전한 시인」은 단지 김정란에 대한 무수한 익명의 비겁한 비판들이 창궐하는 이 지성계의 부끄러운 비판 풍토에 대한 균형잡기라는 차원에서 최소한의 의미가 존재할 뿐이다. 나로서는 강준만의 김정란론이 지니는 그 이상의 적극적 의미를 찾을 수 없다.

4. 『조선일보』를 어떻게 볼 것인가?

강준만은 「비판의 형식과 내용에 대해」에서 "『조선일보』에 대한 문제의식이 전혀 없는 권성우", "『조선일보』에 대한 아무런 문제의식이 없으면서 문단 패거리주의를 비판한다는 건 도무지 말이 안된다" 등의 표현을 구사하면서, 필자에게 『조선일보』에 대한 생각을 밝혀달라고 요청한 바 있다(이에 대해서는 '글로 발표하지 않았다고 『조선일보』에 대한 문제의식이 전혀 없다고 할 수 있는가?'라는 의문을 일단 던져본다. 강준만의 요청을 기꺼이 받아들이며, 『조선일보』와 안티조선운동에 대한 필자의 입장을 간단히 밝히고자 한다.

나 역시, 강준만의 열정적인 『조선일보』 비판 작업에 의해서,

명확하게 감지하지 못하고 있던 언론 전반의 문제점, 특히 그 중에서도 『조선일보』의 모순과 폐해에 대해서 구체적으로 인식할 수 있었다. 아울러 문학작품의 홍보와 전파에 언론이 얼마나 막중한 역할을 하고 있는가, 그래서 그토록 비판적인 문인들이 유독 언론에 대해서는 너그러운 자세를 취할 수밖에 없는가를 인식하게 된 것도 강준만의 집요한 언론 비판 작업과 문학계 비판 작업이 중요한 계기가 되었다고 할 수 있다. 언론 비판 운동이 폭넓게 전개되어야 하며, 그 비판의 과정에서, 『조선일보』가 전술적 타깃으로 설정될 수 있다는 정도는 충분히 공감할 수 있다. 다만, 강준만과 안티조선이 취하는 관점이 언론 개혁 운동의 가장 현실적인 대안인가? 하는 점에 대해서는 좀더 면밀한 검증이 필요한 것 같다. 이러한 내 입장은 강준만과 안티조선의 주장에 대한 다음과 같은 세부적인 이견에서 연유한다고 할 수 있다.

우선, 진보적인 지식인들의 『조선일보』 기고를 어떻게 바라볼 것인가의 문제. 이른바 진보적인 지식인들의 『조선일보』 기고를 격렬하게 비판하는 강준만과 안티조선의 주장은 프랑스에서는 진보적 지식인이 극우파 신문에 기고하는 것을 일종의 코메디이자 모순이라고 여기고 있다는 홍세화의 주장과 접맥된다. 그런데, 과연 신문의 이념적 스펙트럼이 명확하게 분화된 프랑스의 언론 현실과 한국의 언론 현실이 유사한 이념적 지형을 지니고 있다고 할 수 있을까? 『한겨레신문』을 제외한 이른바 4대 일간지 내의 이념적 편차는 그다지 크지 않다고 보여진다. 이러한 정황에서, 『조선일보』에 글을 기고하지 말라는 주장은 사실상 4대 일간지 모두에 글을 쓰지 말라는 주장과 본질적인 의미에서 커다란 차이가 없는 것이 아닐까. 그것은 다음과 같이 설명될 수 있다.

우선 이른바 『조선일보』와 『중앙일보』·『동아일보』의 차별성 문제. 상대적으로 『조선일보』가 『중앙일보』·『동아일보』 등에 비해서, 메카시즘의 횡포, 과거 군부 정권에 대한 굴종, 반통일적 보도 행태 등등의 면에서 상대적으로 극단적이며 극우적인 보도 태도를 보인 것은 사실이다. 그러나, 그 차이가 『조선일보』 기고는 마치 친일파의 부역 행위처럼 단죄되고, 『동아일보』·『중앙일보』 기고는 사실상 아무런 문제가 안되는 식의 '결정적인' 차이라고는 생각되지 않는다. 군이 말하자면 『중앙일보』·『동아일보』는 『한겨레신문』보다는 월등 『조선일보』에 가깝지 않은가. 『조선일보』에 기고 거부를 하면서, 『동아일보』·『중앙일보』에 아무런 자의식 없이 기고하는 것이, 나는 오히려 부자연스럽게 보인다. 비판의 진정성에 대해서, 예민하게 의식하는 논자라면, 이러한 행태가 무척이나 불편하게 다가오지 않을까? 그리고 진보적 지식인들의 경우로만 제한해서 『조선일보』 기고를 문제삼겠다는 강준만의 주장도, 진보적 지식인의 정체성에 대한 개념 규정이 명확하게 내려지지 않는다면 대단히 애매한 발언일 수밖에 없다. 문학인의 예를 들면, <민족문학작가회의>의 회원이면 '진보적' 작가인가?, 혹은 민중 소설을 한 때 썼다고, 그를 진보적 작가라고 할 수 있는가? 등등의 문제와 마주칠 것이다.[20] 결국 문제는 『조선일보』와 기타 신문의 차이를 어떻게 볼 것인가?, 이와 연장선상에서 그 차이가 유독 『조선일보』 기고만을 거부할 만큼의 명백하고 의미 있는 차원의 '차별성'인가?, 그러니, 비판의 대상을 『조선일보』로 한정하는 전략적 차별성이 어느 정도의 논리적 정당성을 확보하고 있는가? 등등의 주제로 귀결된다. 나로서는 바로 이 문제가 폭넓은 증거와 실증적 통계에 의해서 논리적으로 입증되지 않는다면, 안티조선 운동은 일정한 한계가 있다고 판단된다. 전반적인 언론 개혁 운동의 차원에서 이에 대한 심화된 토론을 기대한다.

그리고 두 번째 문제는 비판적이며 진보적인 글이라도, 그것이 『조선일보』에 실리면, 궁극적으로 『조선일보』의 이미지에 묻혀서, 애초의 비판적이며 진보적인 의미가 거의 관철되지 않는다는 주장에 대해서. 이른바 '지면 결정론'이라고 불리는 이러한 관점은 상대적으로 개개의 글이 지니는 독립적인 의미에 대해서 충분히 고려하지 못하는 것이 아닐까? 물론 『조선일보』에 수록된 글들은 당연히, 『조선일보』라는 글을 담는 그릇의 규정력에서 자유로울 수는 없을 것이다. 그리고 애초에 필자 선정과정에서 『조선일보』 데스크에의 영향력이 중요하게 작용한다

---

20) 다만, 평소에 통일 문제와 이념 문제에 대해서 『조선일보』의 주장과 완전히 상반되는 주장을 펼친 진보적 인사가 『조선일보』에 기고하는 것은 문제삼을 수 있을 것이다. 이 경우에도 그가 『조선일보』에 기고했다는 사실 자체보다도, 사상적 일관성의 훼손이라는 차원에서 접근해야 하지 않을까?

는 사실을 고려하면, 이미 원고 청탁 단계에서부터 개별적인 글의 존재를 규정하는 그릇(언론권력)의 권력망은 촘촘하게 작동할 것이다. 그러나, 『조선일보』에 기고되는 모든 글이 그 그릇의 규정력에 의해서 수동적으로 결정되는 것은 아닐 것이다.[21] 그리고 독자들 역시, 모든 글을 그릇(『조선일보』)의 이미지와 연계시켜 읽는 것은 아닐 터이다. 때로 글의 논리는 제도의 압력을 횡단하면서 매체의 세계관과 반하는 내용을 전달할 수 있는 것은 아닐까?[22] 그 가능성이 아무리 제한적이라고 해도, 이러한 가능성을 열어 두는 것이 필요하지 않을까.

지금까지 언급한 이러한 세부적인 이견과는 별도로, 강준만과 안티조선 측의 『조선일보』 비판 작업과 언론 개혁의 취지에 대해서는 기꺼이 동의한다는 사실을 밝혀두고 싶다. 그리고 비판적 글쓰기, 실명 비판, 언론 비판 등의 과정에서 보여준 강준만의 열정과 뜨거운 비판 정신에 대해서 존경의 마음을 건네 드리고 싶다. 나의 비판과 이견이, 안티조선과 강준만의 '자기 갱신'을 위해서 작은 계기가 되기를 바라는 마음이다.

---

21) 『조선일보』에 기고된 상당수의 글들은 그것이 다른 신문에 실렸다 하더라도 동일한 반응과 효과를 거두었을 것이다. 사실상, 『조선일보』의 이미지에 의해, 그 내용이 한층 증폭되거나 제한되는 글들은 통일 문제와 이념적·정치적 차원의 일부 주제에 한정되는 것이 아닐까.

22) 그렇지만, 꽃과 괴물이라는 비유로, 『조선일보』 문제를 해명하는 정과리의 주장에 대해서는 동의하지 않는다. 꽃('동인문학상')의 존재가 괴물(『조선일보』)의 추악스러움을 더욱 효과적으로 부각시킨다는 정과리의 발언은 그 실현 여부가 지극히 의심스러운 견강부회의 논리가 아닌가. 과연 지금 '동인문학상'이 정과리의 주장대로 『조선일보』의 모순을 효과적으로 드러내고 있는가?

5. 글을 맺으며 - 비판적 글쓰기의 다양한 분화를 위하여

필자는 6개월 전에, '비판적 글쓰기'를 진행하는 논자들 사이에서 상호 비판이 활성화되어야 한다는 문제의식 하에 다음과 같이 말한 바 있다.

이제 비판적 글쓰기에 진정으로 필요한 것은, 비판적 글쓰기에 대한 지지와 애정 못지 않게 서늘하고 날카로운 문제제기일 것이다. 비판적 글쓰기에 대한 편견과 오해를 불식시키기 위해서라도, 비판적 글쓰기는 무엇보다도 스스로 자기 비판과 자기 성찰, 상호 비판에 나서야 한다.[23]

이 글은 바로 위와 같은 의도에 의해서 씌어졌다. 비판적 글쓰기를 전개하는 논자 사이의 의미 있는 상호 비판이 제대로 전개되지 않을 때, 비판적 글쓰기는 그만큼 오만과 편견에 빠질 우려가 많다고 보아야 할 것이다. 아울러, 공동의 대의와 목표 아래, 비판적 글쓰기에 존재하고 있을 미세한 의견차이가 어정쩡하게 봉합될 때, 비판적 글쓰기는 언제든지 새로운 의미의 패거리주의로 변질될 수 있는 가능성을 지니고 있다(강준만의 김정란론에서 바로 그러한 징후가 현저하게 나타나고 있는 것 아닌가?). '싸움'을 화두로 한 고종석의 다음의 지적도 이러한 맥락에서 파악할 수 있으리라.

---

23) 권성우, 「비판적 글쓰기의 성과와 한계」, 『2000 인터넷 문학 세미나 14주차 발제문』(http://www.seminar.noree.com).

그러나 동시에, 이런 싸움이 격렬해질수록, 같은 캠프 안의 개인들 사이에 있을 수 있는 입장의 차이는 사라지거나 덮이고 오직 집단의 논리만 단색으로 펄럭이게 될 가능성도 크다. 캠프 안의 상호 비판이나 자기 비판은 좀처럼 나오지 않는 형국 말이다.[24]

그러므로, 비판적 글쓰기를 진행하는 논자들은, 서로간의 차이에 대한 감각을 더욱 예민하게 감지해야 한다. 그 차이에 대한 활발한 토론들이, 비판적 글쓰기라는 새로운 문화적 흐름이, 단지 하나의 문화적 유행이 아니라, 비판적 지성의 새로운 대안으로 자리잡게 할 것이다. 그리고 그 차이들에 대한 민감한 인식에 근거한 상호 대화가 비판적 글쓰기의 다양성 확보에도 커다란 기여를 하게 될 것이라고 확신한다. 그러므로, 이 글이 제대로 비판받는다면, 그것은 필자를 위해서 뿐만 아니라, 비판적 글쓰기를 위해서도 소중한 일이라고 아니할 수 없을 것이다.

(『사회비평』, 2001년 봄호)

---

24) 고종석, 「고종석의 '테마 에세이' 3―일상 나누기」, 『인물과사상』 17권, 개마고원, 2001.1, 316면.

비판, 추억, 그리고 김현

『문학과사회』 동인들에게

1. 다시 『문학과사회』 동인들을 비판하며

한 동안 무더운 나날들이 지속되더니 이제 장마철인 듯하네요. 어제는 줄기차게 내리는 비에도 불구하고 우산을 쓰고 산책을 했답니다. 그런데 아무리 우산으로 몸을 가려도 조금씩, 조금씩 제 몸이 비에 젖어가더군요. 이러한 사소한 체험을 통해서도 어찌할 수 없는 인간의 한계와 육체의 비애를 느끼게 됩니다. 그 날 따라 제가 그 풍경을 어떠한 현란한 수사학으로도 도저히 가려질 수 없는 진실에 관한 메타포라고 생각하게 된 것은 과연 무엇 때문일까요? 아마도 이 글 때문이 아닐까 싶습니다. 우산도 쓰지 않은 채, 온 몸으로 비를 받아들이는 심정으로 이 글을 써내려 가기로 했습니다. 설사 흠뻑 맞은 비로 제 몸이 지독한 감기몸살에 걸리더라도 말입니다.

그동안 다들 건강하게 지내셨을 줄로 믿습니다. 지난 5월달에 제가 문학과지성사 홈페이지의 자유게시판에 글을 올리면서 『문학과사회』(이하 문사로 약칭하겠습니다) 2000년 여름호에 수록된 권오룡 씨의 「권력형 글쓰기에 대하여」와 김태환 씨의 「김현 10주기 기념 문학 심포지엄을 다녀와서」에 대해서 제 입장을 밝히겠다고 언급한지도 벌써 두 달이 넘게 지나갔군요.

저 자신도 제가 문지 게시판에 올린 글이 그토록 커다란 파장을 가져올 줄은 정말이지 전혀 짐작하지 못했습니다. 그러고 보니, 그 사이에 무척이나 많은 사건들이 진행되었군요. 제 글로 인해 몇몇 논객과 네티즌들 사이에 치열한 논쟁이 전개되던 일, 그 논쟁이 갑자기 박남철 씨 사건으로 비화되면서 문학과지성사 자유게시판이 문을 닫았던 일, 한 달 여가 지난 후 자유게시판이 <문지마당>으로 이름을 바꾸면서 다시 문을 연 일, 아울러 황석영 선생의 동인문학상과 『조선일보』 비판으로 촉발된 논란으로 동인문학상 종신심사위원으로 위촉된 정과리 씨를 비롯하여 문사 동인들의 문학적 입장과 행태에 대한 치열한 논쟁이 <문지마당>에서 진행되었던 일 등등이 기억나는군요. 이러한 과정 속에서 『인물과사상』이나 인터넷 신문 『대자보』, 그리고 『말』·『한겨레21』등의 매체와 다양한 인터넷 게시판을 통해 문사 동인과 문학과지성사에 대한 갖가지 형태의 비판과 문제제기들이 전개되어 왔다는 사실을 문사 동인들도 잘 알고 있으리라고 짐작됩니다. 아마도『문학과지성』이 창간된 1970년 이후 현재에 이르는 30년의 세월 동안, 문학과지성사와 문사가 이토록 집중적인 비판을 받은 적은 창간이래 처음이 아닌가 짐작됩니다. 그 무수한 비판에도 불구하고, 저는 문사 동인들을 비판하고 문제제기 하는 글을 이렇게 다시 쓰기로 했습니다(저는 이 글을 쓰는 이 시간까지도, 적어도 우리사회의 토론 문화에 포커스를 놓고 볼 때, 소신 있는 비판과 활발한 논쟁이 부족해서 문제가 되지, 비판과 토론이 과잉이어서 문제가 되는 것은 결코 아니라고 생각합니다). 문사 동인들에 대한 비판이 이제 당위적인 차원에서 탈피해서, 좀더 분석적이며 구체적으로 진행되어야 한다는 것이 바로 이 글의 존재이유입니다. 기존의 비판에서 한 발자국 더 나아갈 수 있다면, 이 글의 소박한 의미가 있다고 생각되며, 그러했을 때 문사 동인들과도 말 그대로 열린 대화를 진행해 나갈 수 있겠지요. 아마도 문사와 문학과지성사가 한국 지성계에서 차지하고 있는 소중한 역할을 인정하지 않는다면, 구태여 그토록 많은 논객들이 문사를 비판하지도 않았을 것입니다. 혹시 문사에 대한 모든 비판이 근거가 없다고 생각하는 것은 아니겠지요.

저로서는 최근에 진행되고 있는 문사에 대한 비판들이 지금 이 시대를 지배하는 지성계의 어떤 시대사적 분위기와 연관되어 있다고 생각합니다. 이제 그 어떤 주류 권력과 막강한 매체도 비판의 눈길과 견제의 시선으로부터 결코 자유롭지 않습니다. 말하자면 권력 비판, 탈권력·탈중심·탈신비화라는 지성계의 새로운 물결이 문학적 지성의 메카라고 할 수 있는 문학과지성사 및 문사의 모종의 퇴행적인 엘리트주의와 정면 충돌한 것이 바로 지금 이 시대의 문사와 문학과지성사를 둘러싼 논의의 지식사회학적 풍경이라고 저는 생각하고 있습니다.

그 과정이 어찌 되었든 문사 동인이나 문학과지성사 입장에서 보면, 최근 두어 달 사이에 전개되었던 일련의 논의과정에 대해서 무척이나 불편하고 억울한 마음이 있었으리라고 짐작됩니다. 특히 그 논쟁과정에서 네티즌을 비롯한 여러 논객들이 취한 입장이 대체로 문사에 대해 비판적인 의견이 많았으며, 그 비판 중에는 때로 근거 없는 감정적인 비난에 가까운 글들도 있었기 때문에, 이러한 일련의 논쟁에 대한 문사 동인들의 냉소적 태도가 일면 이해가 가는 측면도 있습니다. 그러나 저로서는 이러한 과정을 문사 동인들이 어떠한 방식으로 통과하느냐에 따라서 앞으로 씌어질 한국 현대지성사나 현대문학사에서 문사가 차지하고 있는 역할이 규정될 수도 있다고 봅니다. 어차피 문사는 이러한 과정을 한번쯤은 거칠 수밖에 없었던 것이 아닌가 하는 생각도 듭니다. 원컨대 문사에 대한 비판들이 문사 자체의 자기 갱신과 긍정적 변화의 기폭제 역할을 하게 되기를, 아울러 문사 동인들이 문사에 대한 비판을 관심과 애정의 또 다른 표현으로 수용해 주기를 기대합니다.

2. 권오룡의 익명 비판을 어떻게 볼 것인가?

권오룡 씨의 「권력형 글쓰기에 대하여」를 처음 읽고서 든 생각은 적어도 줄기차게 열린 대화를 주장한 문사에서 어떻게 이런 방식의 글이 계속 씌어질 수 있는가 하는 의문이었습니다.[1] 이미 여러분들이 권오룡 씨의 글이 지닌 내용적 문제점에 대해서 많은 언급[2]을 했기에 저는 여기에서 다음과 같은 두 가지 점에 대해서 말하고자 합니다. 그것은 떳떳하지 못한 익명 비판의 문제점과 자기 성찰에 기초한 열린 비판에 관한 것입니다.

---

1) 이광호 씨의 「'90년대'는 끝나지 않았다」(『문학과사회』, 1999년 여름호)에서 전개되는 익명 비판의 문제점에 대해서 저는 이미 「비판, 그리고 성찰의 현상학」(『문예중앙』, 1999년 가을호)에서 지적한 바 있습니다.
2) 그 대표적인 문건들은 다음과 같습니다.
강준만, 「'문학과지성'의 패거리주의」, 『인물과사상』 15호, 개마고원, 2000.7.
이명원, 「권오룡의 돈키호테식 글쓰기 - '권력형 글쓰기에 대하여'를 비판한다」, 『반갑다 논장』, 2000년 6월호.
전병문, 「현대의 신화 - 권력은 어떻게 유지되는가」, 『대자보』 39호(http://jabo. co.kr).
홍기돈, 「거울 앞에 앉은 백설공주의 계모들을 위하여 - 권오룡의 '권력형 글쓰기에 대하여' 비판」, 『대자보』 39호(http://jabo.co.kr).
이 외에도 인터넷의 몇몇 문학게시판을 통해, 김정란이나 진중권, 그리고 기타 네티즌들의 권오룡에 대한 다양한 비판이 있었습니다.

저 역시 모든 비판이 실명을 걸고 수행되어야 한다고 생각하지는 않습니다. 논쟁의 구체성과 생산성을 위해 실명 비판의 정신이 절실하게 요청된다고 해도, 보편적인 차원의 일반적인 논지를 전개하는 경우까지 실명 비판을 강제할 수는 없을 것입니다. 그렇다면 권오룡 씨의 「권력형 글쓰기에 대하여」라는 평문도 그러한 경우에 해당될까요? 우선 권오룡 씨의 평문은 '쟁점'이라는 이름을 하고 있습니다. 적어도 문학계의 첨예한 쟁점에 대해서 비판적 문제제기를 할 때는 그 대상을 밝혀야 한층 구체적이고 생산적인 논의가 되지 않을까요? 그리고 권오룡 씨 글 이전에 문학권력의 정당하지 않은 행사라는 관점으로 문사를 비판한 논의들이 있었다는 점을 감안하면, 권오룡 씨의 글이 단지 어떠한 맥락도 없이 일반론 차원에서 쓰어졌으리라고 생각하기는 어렵습니다. 권오룡 씨 주장에 대한 타당성 검증과 권오룡 씨의 주장에 대한 반론과 문제제기가 가능하기 위해서는 무엇보다도 논의의 구체성이 확보되어야 합니다. 그래야 서로의 한계와 편향을 구체적으로 인식하는 과정을 통해 서로 생산적으로 변해갈 수 있겠지요. 그러나, 권오룡 씨의 글쓰기는 이른바 자신이 상정한 권력형 글쓰기에 대한 구체적인 검증과 설득력 있는 분석이 실종된 자신의 주관적인 주장과 몇몇 우화에 근거한 인상비평으로 시종일관하고 있습니다. 과연 이러한 태도가 문사 동인들이 일관되게 주장했던 '열린 대화'라고 할 수 있을까요? 제가 보기에, 권오룡 씨의 글쓰기는 반론을 비롯한 후속 논의의 가능성을 봉쇄하면서 상대방에게 타격을 주기 위해서 선택된 일종의 '뒤통수 때리기'에 해당되는 전형적인 평문입니다. 문지 자유게시판에서 문사 동인의 이름으로 발표된 글은 '쟁점'란에 대해 설명하면서 다음과 같이 말하고 있군요

> 이 난은 우리 비평의 현안을 점검하는 코너이며, 30매 정도의 분량에 주요한 비평적 주제를 개괄해야 하는 조건 때문에 특정한 글에 대한 구체적인 비판적 논증보다는 문제적인 주제에 대한 포괄적이고 일반적인 점검에 치우칠 수밖에 없습니다. 우리는 이런 방식의 글이 오히려 사소한 오해를 미리 차단하고 논의의 생산성을 높일 수 있다고 생각합니다. 때문에 이 난이 생긴 이래 구체적인 글에 대한 비판이 제기된 적은 거의 없으며, 그 계절의 주요 비평집에 대한 비평은 '총평'란을 통해 따로 이루어지고 있습니다.

저로서는 과연 권오룡 씨의 글쓰기가 단순히 포괄적이며 일반적인 점검에 불과한 글에 해당되는지 의문입니다. 그러하다면, 권오룡 씨에 대한 비판은 모두 오해에 불과하다는 얘기인가요? (만약 그렇다면, 그 무수한 오해들에 대해서 권오룡 씨가 자신의 입장을 직접 밝히는 것이 필요하지 않을까요?) 그러니, 문사 측에서 권오룡 씨에 대한 비판을 모두 오해의 소산이라고 생각한다면, 이런 식의 익명 비판이 오해를 차단한다는 문사 측의 주장이 오류라는 사실이 그 자체로 입증되는군요. 포괄적이며 일반적인 점검에 해당하는 글이 빠르게 달리다가 죽는 말, 백설공주의 계모, 돈키호테 등의 궁색한 우화를 빌어 어떻게 그토록 냉소적인 문체와 조롱조의 표현으로 씌어질 수 있는지요? 아울

러 권오룡 씨의 글을 읽는 사람들이 한결같이 비판대상으로 특정한 몇몇 사람을 연상하게 되는 것도 단지 우연의 일치라는 말인가요? 표면적으로 실체가 드러나지 않았다고 해서 권오룡 씨가 겨눈 대상을 알 수 없는 것은 아닙니다. 분명, 최근에 문단 권력을 적극적으로 비판한 비평가는 한정되어 있고 몇 사람에 불과합니다. 그들이 누구인지는 문사 동인들도 다 알고 있겠지요. 그렇다면, 구체적으로 명시되지 않았다고 해서, 그 비판의 대상자들이 과연 누구인지 알 수 없을까요. 그 글이 저를 포함하여, 최근에 활발하게 비판적 글쓰기를 수행하는 강준만·진중권·김정란·이명원 등등의 논객들을 과녁으로 하여 씌어졌다는 것은 최근의 문화계에 대해서 조금이라도 눈여겨본 사람이라면 충분히 인정할 것입니다.

권오룡 씨의 평문은 우선 비판적 글쓰기의 다양한 차이와 미묘한 입장차를 전혀 고려하지 않은 채 폭력적으로 단순화시키고 있다는 점에서도 문제가 됩니다. 또한 권오룡 씨의 익명 비판은 같은 동인인 이광호 씨가 일찍이 문사에 수록된 익명의 비판에 대해 "누구의 어떤 글을 대상으로 이러한 논의를 전개하고 있는지가 모호하기 그지없다. 공격의 목표를 밝히지 않는(혹은 밝히지 못하는) 비판은 얼마나 창백한가"고 얘기한 사실에 비추어도 명백한 자기 모순에 해당됩니다. 적어도 동인간에 의미 있는 어떤 에콜 정신이 존재한다면, 동인 중의 한 사람이 발언한 대목에 대해서 존중하여, 그 모순을 되풀이하지 않도록 노력해야 하지 않을까요? 이광호 씨와 권오룡 씨의 모순된 행태는 단순한 관점의 차이라고 보아줄 수 없는 '에콜의 이중성'에 해당됩니다.

문사 동인들은 권오룡 씨 식의 익명 비판이 "오히려 사소한 오해를 미리 차단하고 논의의 생산성을 높일 수 있다"고 말하고 있습니다. 그래서 당신들의 주장대로 과연 논의의 생산성이 확보되었나요? 오히려 이러한 주장은 그야말로 견강부회에 불과한 논리가 아닐까 싶습니다. 제가 보기에 권오룡 씨의 익명 비판은 2년 전에 문사에 수록된 홍정선 씨의 불성실한 실명 비판이 가져온 파장의 연장선상에서 파악될 수 있다고 봅니다.

홍정선 씨는 「허망한 언어와 의미 있는 언어」라는 제목의 평문을 통해 몇몇 비평가들의 오독과 비평적 자질의 부족에 대해서 신랄하게 질타했었지요. 그러나, 바로 이 평문에 대한 다른 비평가들의 다양한 반론과 문제제기로 인해 문사의 정체성과 그 에콜의 논리에 대한 근원적인 문제제기가 이루어진 것을 기억하시겠지요. 바로 이 난감한 체험이 문사로 하여금 애매한 익명 비판을 통한 '쟁점' 형식의 비판으로 나아가게 만든 유력한 이유가 아닐까 싶습니다. 그러나 우리 정말 열린 가슴으로 생각해 봅시다. 홍정선 씨의 평문으로 비롯된 문학권력 논쟁을 문사를 비롯한 문단 일각의 주장대로 소모적인 감정싸움으로 만든 가장 결정적인 요인은 무엇인가요? 어느 자리에선가 정과리 씨는 실명 비판 때문에 비생산적인 논의가 전개되고 있다고 저에게 자신의 견해를 표명한 적이 있는데, 과연 그럴까요? 만약에 그 논쟁이 감정적인 소모전에 불과하여 생산적인 대화의 가능성을 차단했다면, 그 원인은 결정적으로 홍정선 씨에게 있다고 저는 생각합니다(비슷한 의미에서 최근의 문학권력 논쟁이 정과리 씨의 주장대로 소모적이고 사소하다면 그 책임은 상당 부분 권오룡 씨에게로 되돌려진다고 생각합니다). 정말 중요한 문제는 실명 비판인가 익명 비판인가 하는 문제가 아니라, 그 비판의 진정성과 성실성이라고 생각합니다. 제대로 비판되어야할 것은, 비판을 감정적으로 수용하여 비판을 열린 대화와 자기 성찰의 소중한 계기로 인식하지 못하는 한국지성계의 퇴행성이지, 비판 행위 그 자체나 실명 비판이 아닐 것입니다. 그러니, 서로의 입장을 존중하면서 성실하게 논지를 전개한다면, 제대로 된 실명 비판이야말로 생산적 대화를 가능하게 할 것입니다. 홍정선 씨는 동료비평가들에게 '비평의 ABC도 모른다', '중간에 책을 덮었다'는 식의 치명적인 상처가 될 수 있는 비판을 전개하면서도, 그는 비판대상의 선택과 연관하여, "무작위적으로 손에 잡히는 책을 보다가 고른" 경우라고 궁색한 변명을 하고 있습니다. 적어도 홍정선 씨의 비판이 타자의 입장을 존중하는 차원에서, 비판 대상의 적실한 선택을 통해 성실하고 정밀하게 씌어진 비판이었다면, 그에 대한 반론 역시 한층 성실하고 정교하게 씌어지지 않았을까요. 저는 이 문제와 연관하여 문사 동인들에게 문학권력 논쟁의 기원이 되는 글이자, 애초에 문제를 야기한 홍정선 씨의 평문에 대한 엄밀한 자기 성찰과 내부 비판 없이, 홍정선 씨 글의 문제점을 거론하는 일련의 비판들을 소모적인 논의라고 몰아붙이는 것이 과연 객관적이며 공정한 자세인지 묻고 싶습니다.

저는 진정한 비판은 상대방을 기분 나쁘게 하는 비판이 아니라, 상대방을 아프게 하는 비판이라고 생각합니다.[3] 그렇다면, 홍정선 씨와 권오룡 씨의 비판은 어떠한가요? 과연 그 비판들이 상대방으로 하여금, 자신의 한계와 약점에 대해서 진지하게 성찰하게 만드는, 즉 비판의 대상자들을 아프게 만들어 열린 대화의 물꼬를 열 수 있는 글이라고 생각하시나요? 아울러 정과리 씨 당신의 "전혀 근거가 없는데도, 한번 목소리를 높이면 여간 악착스럽지가 않다"[4]는 조롱조의 표현이 비판 대상자들로 하여금 자기 성찰을 유도하거나 공감을 얻을 수 있는 표현방법이라고 생각하시는지요? 이런 식의 비판은 그 비판들이 지니고 있는 일말의 진실과 타당성마저 가리게 만드는 면이 있습니다. 실제로 홍정선 씨와 권오룡 씨의 비평에 대한 일련의 반응을 통해 여실히 나타났듯이, 오히려 그들의 비평은, 몇몇 진지한 반론을 제외하면, 대체로 비판의 대상자들을 감정적으로 자극하는 동시에 격렬한 반론을 낳게 만들었지요. 진정으로 열린 지성은 아무

---

3) 아직 부족함이 많지만, 적어도 제 비판이 이러한 비판이 될 수 있도록 노력하고자 합니다. 2년 전에 「비판과 성찰 사이」라는 글에서 고백했다시피, 제가 남에게 기분 나쁜 상처를 준 비판을 했다는 자책감이 몇 년이 가더군요. 그래서 제가 비판의 주제 못지 않게 비판 방식이라는 문제에 남다른 관심을 기울이게 되는 것 같습니다.

4) 정과리, 「한국 비평의 현상학, 두 번째—문학비평의 존재 이유」, 『문예중앙』, 1999년 가을호, 123면.

리 하찮은 대상을 비판하더라도, 성실함과 예리함을 잃지 않습니다(그 비판의 형식이 패러디라 하더라도, 비판대상을 제대로 장악한 절묘한 패러디는 읽는 사람과 비판의 대상자에게 스스로 자기 자신을 되돌아보게 할 것입니다). 저는 문사 동인들의 오만한 태도가 바로 권오룡 씨와 홍정선 씨의 글로 나타났다고 감히 생각합니다. 그러니, 익명 비판이 더욱 생산적이며 오해의 소지를 줄인다는 문사 동인의 설명은 권오룡 씨의 글쓰기를 옹호하려는 구도에서 나온 논쟁의 본질을 호도하는 발언이 아닐까 싶습니다.

3. 정과리의 호소, 에콜의 모순, 내부 비판의 부재

정과리 씨는 최근에 고종석 씨와의 대담 및 홈페이지의 <문지마당>을 통해서 비판과 토론의 자세와 연관된 참으로 의미심장한 발언을 하고 있습니다. "비판은 상대를 존중하는 데서 출발해야 하고, 자신과 상대방이 동격으로 놓여 있는 자리에서 대화해야 한다",5) "우리가 누구를 비판하는 것은 함께 변화하기 위해서이지, 승리하기 위해서가 아닙니다."6) 저는 정과리 씨의

---

5) 정과리 · 고종석 대담, 「'꽃을 든 괴물' 어떻게 볼 것인가」, 『한겨레21』, 2000.8.1.
6) 정과리, 「'답변' - 허백씨와 현수씨에게 답합니다」, 문학과지성사 홈페이지 <문지마당>, 2000.7.26.

이러한 견해에 대해서 마음 깊은 곳으로부터의 전폭적인 지지 의사를 밝히고 싶습니다. 아울러 그러한 발언을 한 정과리 씨의 순수한 의도를 기꺼이 수용하고 싶습니다. 그러나 정과리 씨의 발언을 접하고서, 저는 내심 이러한 의문이 솟아나는 것을 막을 수 없더군요. 그렇다면, 홍정선 씨나 권오룡 씨의 비판이 정과리 씨가 주장한 그러한 열린 대화의 자세를 갖춘 생산적인 비판이라고 생각하십니까? 과연 그들의 글이 타자와 함께 진정으로 변화하기 위해서 씌어진 글이라고 할 수 있겠습니까? 그리하여, 상호 비판과 논쟁을 통해 서로 변하기 위한 그 애초의 목적이 홍정선 씨나 권오룡 씨의 글에서 제대로 달성되었다고 생각하십니까? 문사 동인들이 어떤 비평가보다도 존중하고 높이 평가하는 고(故) 김현 선생이 권오룡 씨나 홍정선 씨의 비판 방법에 대해서 과연 바람직하게 생각하셨을까요?

단도직입적으로 말하자면 우선 저부터도 홍정선 씨나 권오룡 씨의 글을 읽으면서 마음이 상하더군요. 그리고 이러한 반응은 문사 측을 제외한 상당수의 중립적인 문인들에게도 공통적으로 나타나고 있었습니다. 어떻게 타자를 존중하면서 함께 변하기 위해서 씌어진 비평문이 그토록 불성실하게 씌어질 수 있으며, 그토록 오만하게 씌어질 수 있다는 건지 정말 이해가 안 갑니다. 동질적인 문학관과 일관된 태도를 지닌 진정한 에콜이라면, 권오룡, 홍정선 씨의 글과 정과리 씨의 주장이 지닌 그 극심한 모순에 대한 합리적인 해명이나 성찰이 있어야 하지 않을까요?

그러므로 비판 태도에 관한 정과리 씨의 언급은 무엇보다도 먼저 문사 동인들에게 부메랑처럼 되돌려져야겠지요. 저는 이 문제와 연관하여 문사가 열린 대화 정신에 입각한 진정한 에콜이라면, 홍정선 씨와 권오룡 씨 글에 대한 소신 있는 내부 비판과 겸허한 자기 성찰을 수행했어야 마땅하다고 생각합니다. 그래야 정과리 씨의 주장이 제대로 된 설득력을 지닐 수 있겠지요. 단지 자신들의 에콜 성원이 발표한 글이라고 해서 내부 비판과 상호 비판을 수행하지 않는다면, 그것이 과연 제대로 된 문학적 에콜이라고 할 수 있을지 의문입니다. 바로 이러한 태도 때문에 문사가 최근에 에콜이 아닌 패거리 집단이라고 비판받고 있는 것 아닐까요. 타자를 비판할 때는 너무나 오만하고 비겁한 자세를 취하면서, 타자의 비판에 대해서는 예의와 존중을 요구하는 것이 과연 정당한 태도인지를 한번쯤 문사 동인들에게 묻고 싶습니다.

정과리 씨는 또한 <문지마당>에서 한 네티즌의 비판에 답하면서, 다음과 같이 주장하고 있습니다.

그리고 모데라토님은 글 안에서 문학과지성사가 외부의 비판에 눈감고 귀 막았다는 표현을 쓰셨습니다. 문학과지성사는 무의미하고 소모적인 비판에 대해서는 대답을 하지 않을 권리가 있으며, 그런 소모성의 글들이 게시판을 어지럽히는 사태를 막을 권리가 있습니다. 그리고 외부의 비판을 전혀 외면했던 것은 아닙니다. 가령 저는 최근의 문단 권력 시비에 대하여, 그러한 시비는 사소한 것이며 우리에게 정말 해야할 중요한 일들이 있으니, 그 쪽으로 눈길을 돌리자는 호소를 한 바 있습니다(「한국비평의 현상학, 두 번째」, 『문예중앙』, 1999년 가을호). 그런데 문단권력을 시비하는 사람들에게서 그 호소를 진지하게 숙고한 흔적을 찾아볼 수가 없습니다. 그 사람들은 여전히 본래의 시비에 박차를 가할 뿐입니다. 그렇다면, 누가 누구에게 귀 막고 눈감았다고 말할 수 있는지요?

이 대목은 최근의 문학권력 논쟁과 열린 대화에 대한 정과리 씨의 생각을 절묘하게 드러내고 있는 문제적 구절이라고 생각됩니다. 저는 이 구절 중에서도 "저는 최근의 문단 권력시비에 대하여, 그러한 시비는 사소한 것이며 우리에게 정말 해야할 중요한 일들이 있으니, 그 쪽으로 눈길을 돌리자는 호소를 한 바 있습니다"라는 대목에 대해서 짚고 넘어가고 싶습니다. 일단 최근의 문학권력 논쟁이 과연 사소한 것인지에 대해서 생각해 보아야겠습니다. 왜냐하면, 정과리 씨의 주장이 보편적인 설득력을 상실한 단지 주관적이며 파당적인 관점에 불과하다면, 씨의 주장의 토대 자체가 무너질 수 있기 때문입니다. 저로서는 최근 '문학권력 논쟁'으로 지칭되는 일련의 논쟁을 과대 평가할 생각도 없지만, 동시에 그 논쟁을 사소한 것으로 치부하는 관점에 대해서도 선뜻 동의하기 힘듭니다. 정과리 씨나 문사 동인들은 최근에 진행된 일련의 문학권력 논쟁을 사소하다고 생각할지 모르겠지만, 적어도 저는 그 논쟁이 그렇게 간단하게 매도할 수 없는 소중한 폭발력을 함축하고 있다고 봅니다.

최근의 문학권력에 대한 문제제기는, 주류 문학권력과 불합리한 문학제도에 대한 비판을 금기시하던 묵시적 관행을 깨트린 의미 있는 시도가 아닐까요. 이와 연관하여, 『창작과비평』의 최원식 선생도 "문학권력 일반화를 벗어나 그 권력행사의 공정성과 정당성을 성찰하는 논의로 발전한 것을 높이 평가"[7]한다며, 최근의 문학권력 논쟁의 소중한 의미에 대해서 적극적으로 의미부여하는 발언을 한 바 있습니다. 그리고 다수의 네티즌과 젊은 비평가들이 문학권력에 대한 나름대로 다양하고 진지하면서도 한편으로 시끌벅적한 논의를 전개하고 있는 것도 바로 그 문제가 도저히 회피할 수 없는 중대한 문제라는 사실을 입증해 주고 있는 것이 아닐까요. 문단이나 문학적 관행, 문학제도의 치명적인 문제점에 대해서 토론하고 비판하는 것이 과연 사소한 문제입니까? 저는 오히려 그러한 문제점에 대해서 지금보다 좀더 투명하고 구체적이며 열린 대화가 진행되어야 한다고 생각합니다. 그러한 중요한 문제에 대한 침묵의 카르텔 아래 진행되는 어떠한 논의가 '정말 해야할 중요한 일들'인가요? 저에게 가르쳐 주시기 바랍니다. 저로서는 바로 문학 권력에 대한 열린 대화와 진지한 토론이 바로 우리 비평가들에게 주어진 '정말 해야할 중요한 일들'의 제일 앞자리에 놓일 수 있다고 생각합니다.

어찌되었든 정과리 씨가 문학 권력에 대한 논의를 사소하다고 생각할 자유까지 제가 뭐라고 할 수는 없겠지요. 그러나, 적어도 씨의 판단이 문학 권력 논의에 대한 보편타당하고 객관적인 관

---

7) 최원식, 「문학권력 논쟁을 보면서」, 창작과비평사 홈페이지 자유게시판(http://www.changbi.com), 2000.7.20.

점을 담보하고 있다고는 결코 생각할 수 없습니다. 정과리 씨의 주장은 마치 박정희 유신정권 시절, 북괴의 남침 위협을 운위하면서, 국내의 정치적 비판을 사소한 정쟁으로 몰아가던 메카시즘을 떠올리게 만듭니다. 항상 투명하지 못한 권력자들은 자신에 대한 비판이 부담스러워, 그 비판을 사소한 비판이나 엉터리 비판으로 몰아치면서 민중들이나 비판자들의 시선을 다른 곳으로 돌리려고 시도합니다. 정과리 씨의 위의 지적에서 저는 바로 그와 유사한 행태를 봅니다. 물론 저는 제 자신의 글을 포함하여, 최근의 문학권력 논의나 문학권력을 비판하는 글에 간과할 수 없는 한계와 단점이 있다는 점을 기꺼이 인정합니다. 때로 사안의 중요성을 강조하기 위해서 동어반복에 빠지기도 하고, 비판의 대상자에 대한 근거 없는 도덕적 우월감으로 무장하여 지나치게 격앙된 윤리적 호소나 일방적인 자기 주장을 전개하는 면도 분명히 있다고 봅니다. 이와 연관하여, 최근의 몇몇 문학논쟁과 비판들이 비판대상자들의 적극적 응답을 통해 열린 대화로 진행되지 못한 이유 중의 하나가 비판적 글쓰기 자체에도 있다는 사실을 분명히 인식하고 있습니다.

저는 기본적으로 비판하는 논객은 비판을 받는 대상자보다 더욱 성실하고 예리한 글쓰기를 보여줄 때, 그 비판의 효과가 제대로 달성된다고 봅니다. 제가 최근 한 좌담에서 "때로 지나치게 일방적이고 불성실한 비판 때문에 비판적 글쓰기가 매도당하는 분위기도 있다고 봅니다. 그런 부분에서 비판적 글쓰기를 수행하는 사람끼리도 서로간의 상호 비판이나 문제제기가 있어야 할 것이라고 봅니다"[8]라고 얘기한 것도 바로 문학권력 논의나 비판적 글쓰기에 대한 자기 성찰과 상호 비판이 필요하다는 점을 뼈저리게 인식하고 있기 때문입니다(앞으로 저는 바로 비판적 글쓰기의 과정에서 나타나는 문제점들에 대해서도 냉철한 비판을 전개할 생각으로 있습니다).

그럼에도 불구하고 저는 비판적 글쓰기나 문학 권력 논의의 문제점들이 토론문화의 전근대성이 서서히 극복되는 과정에서 나타날 수 있는 과도기적 한계라고 봅니다. 그 과정에서 나타나는 한계들만을 신경질적으로 주목하면서, 문학권력 논쟁을 사소한 논쟁이라고 치부하는 것은 지나치게 자기 중심적이며 오만한 생각이 아닐까 싶습니다.

논쟁의 밀도와 성과를 규정하는 것은, 논의의 주제보다는 오히려 그 논의를 전개하는 방법과 진행방식일 터입니다. 이번 문학권력의 단초가 된 권오룡 씨의 글이 좀더 성실하고 구체적인 비판, 상대방을 존중하는 태도를 통해 씌어졌다면, 적어도 지금보다는 문학권력 논쟁이 한결 바람직한 방식으로 전개되지 않았을까요? 몇몇 한계에도 불구하고, 문학권력 논쟁은 우리 문단의 고질적인 관행과 폐해를 교정하기 위한 소중한 과정으로 인식되어야 할 것입니다. 그러니, 정과리 씨가 자신이 제안한 일

---

8) 권성우·김정란·이명원·전병문 등이 참석한 좌담 「현단계 '비판적 글쓰기'의 성과와 한계」(『인터넷 신문 대자보』 41호, http://www.jabo.co.kr) 참조.

방적 호소를 숙고하지 않았다고 비판의 당사자들을 겨냥하여 "누가 누구에게 귀 막고 눈감았다고 말할 수 있는지요?"라고 언급하는 대목은 전혀 설득력이 없어 보입니다. 왜냐하면, 정과리 씨의 호소 자체에 동의하지 않을 사람이 많기 때문이죠.

그리고 정과리 씨의 이러한 자세는 권오룡 씨의 글에 대한 저의 문제제기에 대응했던 문사 동인들의 태도에 비추어 볼 때 명백한 모순이 아닐까요? 문사 동인들은 이전의 자유게시판에서 권오룡 씨가 특정한 인물들을 겨냥하지 않고 단지 일반론의 차원에서 서술했기 때문에, 권오룡 씨 글에 대해서 문제 제기하는 제 글을 문사에 수록해 줄 수 없다고 밝혔습니다. 문사는 거기서 더 나아가 저의 문제제기를 "주관적 오해의 심리적 동기"라는 식으로 표현했습니다. 그러한 관점에서라면, 권오룡 씨 글과 마찬가지로, 아니 권오룡 씨 글보다 더욱 모호한 정과리 씨의 글에 대해서 정과리 씨가 비판 대상자의 반응을 요구한다는 것은 어불성설이 아닐까요? 문사 동인들의 논법에 따른다면, 정과리 씨의 글은 권오룡 씨의 글과 마찬가지로 전혀 실명을 밝히지 않은 채로 지극히 일반론을 썼을 따름인데, 그 글에 대해서 무엇 때문에 비판적 글쓰기를 진행하는 논자나 문학권력을 비판하는 논자들이 구체적인 반응을 보이거나 숙고를 해야한다는 말인가요? 그 반응에 대해서 당신들은 "주관적 오해의 심리적 동기" 운운할 텐데요! 이러한 사실은 정과리 씨가 분명히 특정한 비판 대상을 염두에 두고 글을 썼다는 사실을 역설적으로 입증해 주고 있습니다. 이와 같은 모순된 태도에서 저는 또다시 문사 동인들의 편의적이고 자기 중심적인 이중성의 논리를 발견하게 됩니다. 결국 문사 동인들은 실명 비판이 필요한 정황에서도 교묘한 익명 형식의 비판을 통해, 한 편으로는 비판 당사자들의 반론과 문제제기를 원천 봉쇄하는 동시에, 다른 한편으로는 자신들의 주장을, 토론의 과정이 실종된 채, 선험적인 진실로 정당화시키고 있는 것입니다.

이 대목에서 분명히 문사 동인들에게 호소합니다. 정말 당신들의 논리에 대해 자신감이 있다면, 적어도 첨예한 문학적 쟁점에 대해서만은 성실하고 진지한 태도로 실명 비판을 해주시기 바랍니다. 그 비판이 타당하고 논리적이며 성실하다면, 당신들의 비판이 제기하고 있는 문제에 대한 동의 여부와 관계없이, 많은 사람들이 당신들이 펼치는 비판의 소중함을 기꺼이 인정하게 될 것입니다.

이와 연장선상에서 이광호 씨에게도 다음과 같은 부탁을 드리고 싶습니다. 이광호 씨는 최근에 진행되는 문학권력 논쟁이나 비판적 글쓰기에 대해 논하면서 "비평계 전체를 진창으로 몰아넣는 결과"[9]라는 표현을 쓰고 있습니다(사실 저는 이러한 식의 언행에서 80년 5월의 민주화의 봄 때, 정국 혼란과 사회 혼란을 빌미로 계엄령을 선포하던 군부를 연상합니다). 물론 최근에 진행되고 있는 문

---

9) 좌담(이광호·황종연 외), 「다시 문학이란 무엇인가?」, 『문학동네』, 2000년 봄호, 415면.

학권력 논쟁이나 이른바 비판적 글쓰기가 이광호 씨에게 그다지 달갑게 다가오지 않으리라는 점은 충분히 짐작됩니다. 그러나 자신이 속한 에콜이 추문에 가까운 천박한 비판을 하는 것은 인식하지 못하면서, 그 비판들에 대해서 문제제기 하는 비평들을 '진창'이나 '추문'과 같은 감각적인 용어로 내모는 이 무반성적이며 단세포적 사유는 과연 어디에서 연유하는 것인지요? 추문은 누군가가 의도적으로 만들어내는 것이 아닙니다. 이미 광범위하게 존재하는 불합리한 문학적 관행과 문학제도, 편파적인 섹트의식, 이미 하나의 헤프닝이 되어버린 문학상 그 자체가 추문입니다. 말하자면, 이미 이 땅의 비평 판 자체가 진창이었다고 할 수 있지요. 이제 비로소 그 진창에 대해서 본격적으로 비판하고 성찰하는 분위기가 형성되어 가고 있습니다. 그 과정에서 정말로 필요한 것은 투명한 비판과 열린 대화이지, 상대방에 대한 냉소적 태도가 아닐 것입니다. 적어도 '추문'·'진창'·'무책임한 추정'·'폭로전' 등의 감각적인 용어를 통해 비판하려면, 구체적인 실명 비판을 통해 그 합리적 근거를 들어주시기 바랍니다. 그래야지, 대화가 조금이라도 진척될 것이 아닙니까. 결과적으로 이광호 씨의 논법은 그 추문과 진창으로부터 자신이 속한 집단을 원천적으로 제외시켜 버리는 교묘한 효과를 발휘하고 있습니다.

제가 권오룡 씨를 비롯한 최근 문사 동인들의 몇몇 발언에서, 정직, 신뢰, 진정성, 겸허, 자기 성찰 등의 덕목보다는 냉소, 신경증적 강박, 무시, 오만, 교묘한 우월의식, 왜곡된 엘리티시즘을 느낀다면, 그것이 과연 문사를 비판하는 저만의 착각에 불과할까요? 문사의 울타리를 탈피하여 다양한 비판들에 대해서 겸허하게 자신을 열어 놓는다면, 위의 지적이 상당히 공감대를 얻고 있는 관점이라는 사실을 분명하게 인식하게 될 것입니다. 1970년 창간 이후 지금까지 문지나 문사가 줄기차게 주장해온 열린 대화, 대화적 지성의 태도가 절실하게 필요한 것이 정작 지금의 시점이라고 생각됩니다. 앞으로 열린 대화를 위한 지독할 정도의 치열한 노력이 동반되지 않는다면, 문사의 최근 행보는 문학적 지성의 전근대적 파행성을 상징하는 우리 지성사의 명백한 퇴행의 증거로 남게 될 것입니다.

4. 비판과 비난 사이─김현을 이해하기 위하여

이제 김현[10] 10주기 심포지움 얘기를 해야 될 것 같습니다.

---

10) 분명히 말씀드리자면, 김현 선생은 제가 문학을 공부하고 비평을 쓰는 과정에서 높이 평가하고 존경하는 비평가 중에서 첫째, 둘째를 다투는 분입니다. 그의 문학적 업적을 원천적으로 부정해 본 적은 단 한번도 없습니다. 그의 탁월한 비평적 성취가 저의 비평적 여정에 참으로 커다란 영향을 미쳤다는 점은 도저히 부인할 수 없습니다. 다만, 저로서는 김현 선생의 문학정신에 충실하기 위해서도 최근의 문사를 비판할 수밖에 없다는 점, 김현 선생의 문학적 업적을 높이 평가하고 찬양하는 글에 비해서, 김현 선생의 문학을 제대로 비판하는 글

처음에 제가 문지 편집부의 윤병무 씨로부터 '김현 10주기 심포지움'과 연관된 원고를 청탁 받고서 다소 의외라는 생각을 했습니다. 사실 우리 문단의 풍토에서 볼 때, 한 에콜의 정체성을 정면으로 비판한 필자에게 그 에콜의 잡지에 청탁을 한다는 것은 드문 사례일 것입니다. 그러나 다시 생각해 보니, 바로 이러한 점이 문학과지성사의 오랜 저력이자 지적 융통성일 수도 있다는 생각이 들어서 흔쾌히 원고청탁을 수락했었지요. 저 개인적으로는 이 기회를 통해 김현 선생을 비롯한 4·19 세대 비평가들의 성과와 한계에 대한 열린 대화를 진행하고자 하는 의도가 있었습니다. 그리고 이미 현대문학계에는 유력한 관점으로 제기되어 있지만 현장비평계에서는 아직 본격적으로 소개되지 않는 4·19 세대 비평가들의 세대론적 인정투쟁의 공과에 대해서 이번 심포지움 자리에서 발표하여, 저의 논리를 보완하고 가다듬어야겠다는 생각을 했었습니다. 다만, 4·19 세대 비평가들에 대해서 원고지 40매 분량으로 발제를 한다는 것 자체가 무모하게 생각되기는 했지요. 아마도 문지 측에서 저에게 4·19 세대 비평가에 대한 글을 부탁한 것은, 제가 1993년에 발표한 「60년대 비평문학의 세대론적 전략과 새로운 목소리」를 염두에 둔 것이 아니었던가 생각됩니다.

심포지움 날, 김태환 씨의 지적대로 다른 어떤 발표보다도 저

이 드물다는 점을 지적하고자 합니다.

의 발표가 치열하고 격렬한 논의를 이끌어냈다는 점은 분명합니다. 그만큼 저의 발제가 민감하고 첨예한 영역을 다루었다는 점 때문이겠지요. 사실 저의 발표를 제외하면, 첫째 날 심포지움의 분위기는 참으로 화기애애하지 않았나요. 심포지움 자리가 아니라, 각기 자신의 뇌리 속에 오롯이 남아 있는 김현 선생을 추억하는 자리 같았으니까요. 그러니, 다들 김현 선생을 비롯한 4·19 세대 비평가들의 업적을 적극적으로 평가하는 분위기였지요. 심포지움 자체가 김현 선생을 추모하는 성격을 띠고 있었기에, 이러한 분위기는 충분히 이해할 수 있습니다. 다만 저는 김현 선생 10주기 추모의 행사와 상관없이, 제가 평소에 지니고 있던 생각11)을 얘기한 것이었는데, 몇몇 문사 동인이나 문지 측 인사들의 질문에는 '왜 이 추모의 자리에서 김현 선생과 4·19 세대 비평가를 깎아 내리느냐'는 식의 비난의 메시지가 질문의 내용과 톤에 역력히 묻어 있더군요. 한마디로 제가 분위기를 깬 것이었습니다. 그 날 저에게 던져진 몇몇 질문은 분명히 비판이

---

11) 저의 심포지움 발제문에서 나타난 문제의식은 최근에 갑자기 돌출된 것이 아닙니다. 저는 그 문제의식을 이미 8년 전에 발표한 논문 「60년대 비평문학의 세대론적 전략과 새로운 목소리」(『1960년대 문학연구』, 예하, 1993)에서 표출한 바 있습니다. 최근에 한국현대문학비평사 연구에서 4·19 세대 비평가들의 성취와 한계를 논하면서, 50년대 문학에 대한 폄하와 60년대 문학에 대한 적극적 평가를 통한 다소 편파적인 세대론적 인정투쟁의 구사를 지적하는 것은 일반적인 경향입니다. 이를테면 다음과 같은 연구들을 참조할 수 있습니다.
임영봉, 『한국현대문학비평사론』, 역락, 2000.
한강희, 「1960년대 한국문학비평 연구」, 성균관대 박사논문, 1997.
이명원, 「김현 문학비평 연구」, 서울시립대 석사논문, 1999.

나 조언이라기보다는 비난과 감정적 질타에 가까웠습니다. 특히 김동식 씨나 정과리 씨에게 질문하는 경우와 저에게 질문하는 경우에는 질문자의 톤이 완연히 다르더군요(사실 저는 숱한 토론과 심포지움 자리에 참석하면서 이처럼 편파적인 토론과정은 처음 접해보았습니다). 곧 문사 동인에 참여할 김태환 씨조차도 참관기에서 "상당수의 질문들이 발제자 개인에 대한 비난의 톤을 깔고 있"다고 표현한 바 있습니다. 저의 발표와 토론이 끝난 후에 몇몇 중립적인 문인들은 저에게 '왜 문사 측에서 그토록 감정적으로 비판하는지 모르겠다', '생각보다 문사 측의 대응방식이 참으로 격렬했다', '(문사 측의 태도가) 너무 심한 것 아닌가.' '격렬한 비판에 맞서서 권성우 씨가 확고한 자기 입장을 보여주었다' 등등의 얘기들을 했었지요.[12] 이렇듯 제3자들이 보기에도 몇몇 문사 측 인사들의 감정적 대응과 편파적인 질문내용이 부자연스럽게 느껴졌던 것입니다.[13]

---

12) 그 당시의 풍경에 대해서는 당시 심포지움의 참관자였던 『한겨레신문』 최재봉 기자의 뉴스메일 「최재봉의 문학동네 사람들」(2000.6.2), '뜨거운 문지 게시판'을 참조할 수 있습니다. 최재봉 기자는 "권성우 씨의 주장은 전적으로 옳다고는 할 수 없을지 몰라도, 하나의 주장으로 제출하기에 충분한 근거와 설득력을 지니고 있었습니다. 그런데, 그에 대해 반박하는 토론자들과 여타 참가자들의 반응은 생각 이상으로 격렬했습니다. 권성우 씨의 주장을, 김현을 포함한 4·19세대 비평가들의 문학적 성취 자체를 부정하는 것으로 받아들인 결과가 아닌가 싶었습니다. 이른바 '문지 에콜'의 폐쇄성과 독단을 보는 것 같아 씁쓸하기조차 했습니다"고 말하고 있군요.

13) 물론 모든 질문들이 그러했다는 것은 아닙니다. 특히 황현산 선생과 홍용희 씨의 질문은 제 논문의 한계나 보완되어야할 점들을 정확하게 짚어준 면이 있습니다. 다만 여기서 지적하고 싶은 것은, 토론과정에서, 4·19세대 비평가의 세대론적 전략을 당대의 비평 텍스트 해석을 통해 검출하는 저의 구체적인 텍

심포지움이 진행되던 시간, 그리고 그 후에 '김현 추억의 밤'이 진행되던 시간 내내 참으로 마음이 쓸쓸하고 가슴이 답답하더군요. 굳이 이런 식이라면 무슨 이유 때문에 제가 발제자로 선택된 것인지 이해가 안가더군요(김현 선생을 오로지 찬양할 수 있는 비평가로 심포지움 발제자를 채웠다면, 아무런 일이 발생하지 않았을 뿐더러, 문사가 지금처럼 비판받는 일도 없었겠지요). 심포지움이 끝난 후, '김현 추억의 밤'이 진행되던 밤중에, 혼자 그 자리를 빠져나와 굳이 싫어하던 밤 운전을 하면서 서울로 되돌아올 수밖에 없었던 것도 바로 이러한 막막한 심정 때문이었습니다.

이러한 제 마음의 무늬는 문사 여름호에 수록된 김태환 씨와 권오룡 씨의 글을 읽으면서, 좀더 뚜렷한 형태의 소신과 새로운 열정으로 전화되더군요. 문사 동인들은 예의 자유게시판에서 김태환 씨의 참관기를 옹호하면서, "어떤 참관기도 어느 정도는 주관적일 수밖에 없습니다", "권성우 씨의 주장은 사실의 명백한 왜곡 때문에 빚어진 것이 아니라 그야말로 '관점의 차이'에서 비롯된 것입니다"라고 주장하고 있습니다. 맞습니다. 바로 관점의 차이 때문입니다. 그 관점의 차이를 드러내는 것이 이 글의 목적입니다. 때로 사소하고 미묘한 관점의 차이가 너무나 커다란 인식의 편차로 발전하기도 하지요. 토론 내용을 있는 그대로 재수록한 것이 아니라, 김태환 씨의 참관기 형식으로 정리

스트 독해에 대한 질문이 구체적으로 던져졌다면, 한층 생산적인 토론이 되었을 것이라는 점입니다.

하는 것도 바로 문사의 관점이자 선택이겠죠. 그래서 저는 김태환 씨의 참관기 내용에 동의하지 않기 때문에 바로 이 글을 쓰고 있는 것입니다. 예컨대 김태환 씨는 예의 참관기에서, "왜 그의 해명이 쉽게 받아들여지지 않은 것일까?"라고 얘기하고 있지만, 제가 보기에 그 자리에 있었던 몇몇 참석자는 애초에 저의 발제를 이해하고 수용하려는 태도 자체를 지니고 있지 않았다고 봅니다. 그런 사람들을 대상으로 제가 아무리 열정적으로 논리적으로 대답한들 과연 그들이 이해해주었을까요?

무엇보다도 김태환 씨의 참관기는 저의 답변들을 너무나 간단한 한 문장으로 정리하고 있기 때문에 제가 토론과정에서 표출한 입장이 명징하게 드러나 있지 않습니다. 그리고 김태환 씨가 저의 발제문과 토론과정에 대해 덧붙인 견해에 대해서도 비판적으로 검토할 필요를 느끼고 있습니다. 아울러 토론과정에서 미처 밝히지 못했던 제 생각도 덧붙이는 과정을 통해, 4·19 세대 비평가들의 성취와 한계에 대한 좀더 진전된 대화를 제안하고자 합니다.

권오룡 씨는 4·19 세대 비평가들을 왜 50년대 비평가들과의 관계 속에서만 설명하고, 70년대 비평가들과의 관계에 대해서는 언급하지 않느냐는 질문을 던졌습니다. 이러한 질문은 '비판을 위한 비판'에 아닐까 싶습니다. 모든 글이나 비평은 제한된 주제 속에서 자신의 주장을 담게 됩니다. 그런데 권오룡 씨의 주문은 마치 토마스 만과 염상섭을 비교하는 논문에 대해서 왜 발자크와는 비교하지 않느냐는 식의 억지주문에 가깝습니다. '김현 선생이 높이 평가한 문인들, 이를테면 정현종·이청준·황동규 등이 단지 세대론적 인정투쟁을 위한 도구에 불과하다는 말인가'라는 이인성 씨의 질문 역시 저의 논점을 극단적으로 단순화시킨 연후에 나온 질문에 해당됩니다. 저의 발제문을 조금만 검토해 보아도 4·19 세대 비평가들이 동세대의 작가, 시인들과의 만남을 통해 유의미한 문학적 성과를 일구어 낸 것을 높이 평가하는 구절이 발견됩니다. 그리고 왜 4·19 세대 비평가만을 문제삼느냐, 모든 세대의 비평가들이 다들 인정투쟁의 욕망을 가지고 있지 않았느냐는 질문도 있었지요.

제가 가지고 있는 문제의식은 이렇습니다. 우리가 어떤 문제틀에 접근할 때는, 가장 의미 있는 대상을 중심으로 접근할 때, 그 문제틀에 부합되는 문제의식을 한층 효과적으로 검출할 수 있습니다. 이러한 견지에서 보자면, 세대론적 인정투쟁이라는 문제틀로 우리 비평사를 탐색할 경우 그 문제의식에 가장 효과적으로 부합되는 연구대상은 바로 '문지'와 '창비'의 창간주역인 4·19 세대 비평가들이 될 수 있을 것입니다. 그들은 한국 현대 비평사를 통하여, 세대론적 인정투쟁의 전략을 참으로 선명하고 성공적으로 보여준 드문 사례에 해당됩니다. 물론 다른 세대의 비평가들도, 세대론적 인정투쟁의 욕망을 그 세대 나름대로 지니고 있었겠지요. 그러나 그들은 여러 가지 복합적인 이유 때문에 4·19 세대 비평가들과 같이 세대론적 인정투쟁의 과정에서 효과적인 미학적 프로그램과 성공적인 비평적 성과를 달성하지 못했습니다. 바로 이 점이 세대론적 인정투쟁이라는 개념이 4·19 세대 비평가들에게 가장 전형적으로 적용되는 이유 중의 하나입니다.

한편 하응백 씨는 발제자는 문학을 권력으로 생각하느냐는 질문을 던졌습니다. 이 질문은 아마도 문학을 탐구하는 과정에서 무엇 때문에 세대론적 전략과 같은 문학외적 개념을 활용하는가 하는 차원에서 던져진 물음으로 생각됩니다. 질문자는 지나치게 전통적인 미적 자율성론의 차원에서 문학과 비평을 조망하고 있는 것이 아닐까요. 저로서는 문학은 하나의 권력이기도 하며, 동시에 문학은 권력이라는 문제의식만으로는 온전히 접근하지 못하는 영역을 가지고 있다고 대답했던 것으로 기억합니다. 문학 역시 하나의 권력일 수 있다는 사실을 부정하는 것은 지나치게 순진한 발상이라고 생각됩니다. 아울러 문학을 권력만의 구도로 조망하는 것은 문학이 권력을 비껴 가는 영토일 수 있다는 사실, 문학이 권력으로부터의 탈주이자 권력에 대한 비판일 수 있다는 사실, 그리고 권력의 구도로 포착되지 않는 문학의 자율적인 영역이 존재한다는 사실 등을 인식하지 못하게 만들겠지요. 저는 이 두 가지 관점 모두 그 나름대로 의미가 있다고 생각하고 있습니다. 특히 문학과 권력이 맺고 있는 미묘한 양상에 대한 천착과 분석이 현저히 부족한 현금의 문학판 풍토에서 보면, 특히 문학비평과 문학 행위를 권력 게임의

장이라는 문제틀로 조망하는 것도 대단히 의미 있는 비평적 주
제라고 생각합니다.14) 그러나 심포지움 과정에서, 인정투쟁이나
전략, 권력과 같은 개념으로 문학을 조망하는 것에 대한 극심한
거부감이 몇몇 질문자들의 태도에 드러났었다는 점을 지적하고
싶습니다. 이러한 태도는 문학 행위를 지나치게 신비화시키고
있는 것이 아닌가 여겨집니다.

김태환 씨는 이러한 저의 대답을 지극히 간단히 정리한 연후
에 저의 발제에 대한 자신의 견해를 밝히고 있습니다. 그것은
두 가지로 정리될 수 있습니다. 우선 김태환 씨가 50년대 문학
비판과 60년대 문학 옹호로 요약되는 4·19 세대 비평가들의 세
대론적 인정투쟁의 전략5)이 "4·19 세대 비평가들이 추구한

14) '동인문학상' 논란을 비롯하여 김정란 논쟁 등 최근 이삼 년 사이에 진행되
었던 문학판의 몇몇 첨예한 논쟁에 한정해서 말한다면, 그 전개방식과 대응방
식이 마피아판의 논리와 너무나 유사하다는 점에 깜짝 놀랄 때가 많습니다. 문
학은 순수하다. 고상한 문학을 왜 그런 방식으로 바라보느냐는 식의 관점이 정
말 문학을 조망하는 성숙된 관점일까요? 차라리 문학판의 논리와 마피아의 논
리는 본질적으로 커다란 차이가 없다고 말하는 것이 때로 문학장의 모순에 대
해서 한층 투철하고 진솔한 관점을 보여주는 것이 아닐까요?
15) 이러한 4·19 세대 비평가들의 전략에 대한 비판과 반성은 국문학계와 비평
계에서 최근에 상당히 중요한 주제로 떠오르고 있습니다. 제가 「4·19 세대
비평의 성과와 한계」에서 언급한 이동하·한수영·한강희·이명원 씨 등의 문
제의식 외에도, 다음과 같은 김사인 씨의 문제의식도 눈여겨볼 만 합니다. "김
구용 전집을 읽으며 다시 생각하건대, 성년으로 6·25의 참상을 치러냈던 세
대들, 그 50년대 시인들(시인뿐만이 아니다!)이 처했던 심신의 극한 상황과 고투
를 '어설픈 서구풍의 흉내'로 치부해온 그 간의 통념들은, 4·19를 후광으로 한
또 하나의 근시안적인 편향, 말 그대로 '통념'일 따름일 소지가 많아 보인다. 50년
대의 삶과 의식이 어찌 이후의 시대에 비해 '어설프고 유치할' 수 있겠는가.
(…중략…) 모쪼록 김구용 전집의 간행이 50년대 문학에 대한 적극적 재평가의
계기가 되기를 바라며, 그 과정에서 우리는 뜻밖에 귀한 지혜를 얻게 될 것으

새로운 문학적 이념의 소산인가, 아니면 그들의 문학적 이념이 이러한 이분법을 정당화하기 위해서 만들어진 것인가 하는 점이다. 어떻게 보느냐에 따라서 시각은 180도 달라질 것이다"[16]라고 문제제기 하면서, "이러한 문제에 대해서 우선 분명한 입장이 제시되고 그런 바탕 위에서 토론이 이루어져야 하지 않을까"라고 묻는 부분에 대해서 얘기해 보지요. 김태환 씨의 관점은 다소 의도적인 세대론적 인정투쟁의 욕망과 자연스러운 문학이념의 소산이라는 두 가지 요소가 4·19 세대 비평가들의 문학적 전략에 복합적으로 작용한다는 사실을 인식하지 못하고 있습니다. 과연 그 두 가지 사항 중 한 가지 요소만이 단일한 방식으로 4·19 세대 비평에 작용했을까요? 김태환 씨의 요지는 두 가지 요인 중의 하나를 선명하게 선택하여 논지를 전개해야 된다는 것이죠. 그러나 과연 그 두 가지가 칼로 무 베듯이 서로 확연하게 구별될 수 있을까요?

사실을 말하자면 그 두 가지 요인이 4·19 세대 비평가들에게 동시에 상호작용하고 있다고 보는 것이 정확한 진단이라고 판단됩니다. 4·19 세대 비평가들이 자신들의 새로운 문학적 이념을 자연스럽게 추구하는 과정에서 60년대 작가들을 높이 평가한 문학 내적인 의도가 분명히 있었다고 보여집니다. 동시에,

---

로 확신한다." (『한겨레신문』, 2000.7.3, 강조-인용자)

16) 김태환, 「김현 10주기 기념 문학 심포지움을 다녀와서」, 『문학과사회』, 2000년 여름호, 497면.

문지 계열 4·19 세대 비평가들이 한결 같이 유사한 방식으로 50년대 문인들을 폄하하거나 비판하고 60년대의 문학적 성과에 대해서 높이 평가한 점에서도 인식할 수 있듯이 그들의 문학비평에는 다소 전략적이며 편파적인 '세대론적 인정투쟁'에 해당되는 대목도 분명히 존재합니다. 최근에 김병익 선생이 김동식 씨와의 대담에서 돌아가신 김현 선생에 대해 언급하면서, "상당히 정치적인 면모가 있던 그런 친구였고", "김현이가 참 전략가고 정치적인 인물이죠"[17] 등의 표현을 쓴 것도 이러한 대목과 연관하여, 중요한 시사점을 던져 줍니다. 저는 어떤 한 사람이 정치적이며 전략적이라는 사실 자체가 문제가 되는 것은 아니라고 생각합니다. 다만 그 전략과 정치적인 면모가 문학장 내에서 텍스트를 통해 어떤 방식으로 구현되었느냐를 곰곰이 따져 보는 것도 문학 연구와 비평의 영역일 수 있다고 봅니다. 사실 한 인간의 행동이 목적의식적인 차원에서 발생했느냐, 아니면 순수하고 자연스러운 과정 속에서 발생했느냐를 따지는 것은 정교한 정신분석학적 해명으로도 충분히 논리적으로 파악하기가 쉽지 않을 것입니다. 중요한 것은, 그 두 가지를 기계적으로 분리하여 단순하게 설명하는 것이 아니라, 그것들의 얽힘과 연관성을 복합적으로 탐색하는 작업이겠지요. 저의 글 역시 부족하지만 이 두 가지 요소가 4·19 세대 비평가들에게 함께 공존

---

17) 김병익·김동식 대담, 「4·19 세대의 문학이 걸어온 길」, 『작가 연구』 9호, 2000.4, 179·203면 참조.

한다는 전제를 깔고 씌어졌습니다.

김태환 씨는 또한 세대론적 인정투쟁에 대해 얘기하면서 "새로운 문학 이념을 내세우는 그룹이 자신의 이념을 전파하고 선전하는 과정에서 전통적인 문학 및 문학 이념을 편파적으로 비판하는 것은 문학사에서 아주 널리 관찰되는 현상이다"라고 주장하고 있군요. 나름대로 일리 있는 지적입니다. 그러나 더욱 중요한 점은 김태환 씨가 예로 든 외국의 문학사를 보면, 대개 그러한 인정투쟁에 의한 이전세대 문학에 대한 비판을 통해, 한 세대의 주도권이 확립되면, 후배들에 의해서 그것에 대한 반역과 전복의 목소리 역시 치열하고 다양하게 표출되곤 했다는 사실입니다. 그런데 4·19 세대 비평가 이후에는 어떠했나요? 과연 후배세대들에 의해 4·19 세대 비평가들의 비평관과 문학적 성과에 대한 근본적인 비판이나 의미 있는 전복작업이 활발하게 수행되었다고 할 수 있을까요? 그리고 4·19 세대의 다소 편파적이며 전략적인 50년대 문학 비판과 세대론적 인정투쟁론을 자연스럽게 정당화한 김태환 씨를 비롯한 문사와 그 후속세대들이 선배들의 문학관에 대해서 지나치게 의존하면서 그 문학적 자장에 편안하게 갇혀 있는 것은 극심한 자기 모순 아닐까요?

저는 이번의 김현 10주기 심포지움의 소중한 체험을 통해, 우리 비평계에서 신화화되고 중요한 위치를 차지하는 긍정적 인물에 대해서 비판적 문제제기를 하는 것 자체가 아직도 상당히 힘들고 고독한 작업이라는 생각을 많이 했습니다.[18] 아울러, 김현 선생에 대한 비판에 반응하는 문사의 태도를 통해 여러 가지 생각을 할 수 있었습니다. 우선, 생각보다 문사 동인들이 비판에 단련되어 있지 못하다는 느낌을 받았습니다. 비판과 대화, 열린 논쟁문화에 익숙한 사람은 타자의 비판으로부터 자신을 열어, 그 비판을 철저한 자기 반성의 기회로 활용합니다. 그러나 저의 발표에 대해 몇몇 문지 측 인사들이 보인 다소 신경질적이며 냉소적 반응, 그리고 최근 몇몇 문사에 대한 문제제기에 문사가 대응하는 방식은 혹시 문사 동인들이 아직까지 제대로 된 비판을 받아본 적이 없는 것이 아닌가 하는 의문이 들게 하더군요.

그리고 문사 동인들이 탈현대사상이 일반화된 이 시대에도 자신들의 문학과 문학적 행위, 그리고 스승들의 문학적 업적을 지나치게 신비화시키며 아우라(aura)를 부여하고 있는 것이 아닌가 생각하게 되었습니다. 이를테면, 문사 동인들이 권력이나 전략, 인정투쟁과 같은 용어들을 통해 문학사나 문학 행위를 조망하는 작업에 대한 묘한 알레르기 반응을 가지고 있는 것이 아닌가요? 실상 문사 동인들이, 푸코나 부르디외·들뢰즈 등의 권력이론을 자신들의 글쓰기에 가장 적극적으로 활용하면서 문학과

---

18) 이러한 의미에서, 최근에 발표된 구모룡의 「김현이라는 한국문학비평」(『작가세계』, 2000년 여름호)와 신예비평가 이명원의 「'신비화'와 '특권화'가 김현 죽인다」(월간 『말』, 2000년 7월호), 「4·19 세대 비평 '역사적 기념비' 아니다」(『경향신문』, 2000.6.9) 등의 평문은 김현을 비롯한 4·19 세대 비평가에 대한 탈신비화 작업의 소중한 사례로 주목됩니다.

예술의 탈신비화의 이론적 노력으로 평가받을 만한 작업을 수행했다는 사실을 잘 기억하고 있습니다. 그러나 바로 그러한 개념들에 의해서 정작 당신들이 소속되어 있는 집단이 비판될 수 있다고 생각해 본 적이 없는 것은 아닌지요. 바로 이런 점이 현금의 문학장 내에서 문사가 공공연히 보여주고 있는 '문화적 지체현상' 내지 '퇴행적 태도'라고 불릴 수 있을 듯합니다. 타자를 비판할 때는 현란한 탈신비화 이론을 적용하면서, 자신의 문학 행위에 대해서는 미적 자율성의 신화에 기댄 신비화 내지 자기애 단계에 머물러 있는 것, 그리하여 스승과 문사에 대한 비판에 대해 지나치게 민감하게 대응하면서 못 견뎌하는 속성, 바로 이것이 '유아적 주관성의 미망'이 아닐까 싶습니다. 이러한 의미에서 저는 문사와 문학과지성사의 권력을 철저하게 탈신비화하여, 그 권력이 무의식적 차원에서 행사될 수 있는 영역[19]까지 근원적으로 성찰할 때, 비로소 문사의 철저한 자기 갱신과 진정한 의미에서의 혁신이 가능해지리라고 확신합니다.

최근 최원식 선생은 "창비도 '권력'의 하나라는 점을 더 의식

---

19) 예컨대 <한일문학작가회의>라는 거창한 명칭의 행사에 참석하는 문인들이 거의 문지 계열 일색인 점도 문지사의 권력이 아니라면 어떻게 설명될 수 있을까요? 아울러 문사 동인들이나 문지 계열 비평가들이 소천 이헌구 비평문학상의 수상자로 그토록 자주 등장하는 이유가 바로 문지사의 권력이 아니라면 어떻게 설명될 수 있을까요? 상을 받을만한 비평가들이 하필 문사 쪽 비평가들이었고 한국문학을 대표하는 문인들이 사실 문지 쪽 문인들이라고 말하지는 않겠지요. 이러한 문학장 내의 제도적이며 일상적인 권력의 실체, 그리고 그 권력의 공정하지 못한 행사에까지 투명하게 문제제기가 되어, 이에 대한 공론화에 따른 근원적인 개혁이 이루어져야 하지 않을까요?

해야겠다는 다짐이 덕분에 새로워졌습니다. 독자들의 광범한 위임에 기초한 창비의 권력을 더 공정하게 더 정당하게 행사할 자기관리를 게을리 하지 않을 작정입니다. 또한 실제로 창비조직을 끌어나가는 집단이 권력화 또는 관료화하는 일도 더욱 경계하겠습니다. 근본적으로 우리와 뜻을 같이하는 분들과, 아니 뜻을 달리하는 분들과도 지금보다 더욱 소통을 원활히 하면서, 훌륭한 글쓰기에 요구되는 상호 비판적 훈련을 일층 강화할까 합니다"[20]라고 창비 홈페이지에 쓰셨더군요. 뒤늦게나마, 최원식 선생의 이러한 언급을 접하니 반가운 마음이 들었습니다. 그러나 어떤 면에서는 안타까운 마음도 있었습니다. 왜냐하면, 사실 문학과지성사나 문사의 문학관에 따른다면, 오히려 문사 측에서 진작 이러한 입장 표명을 했어야 마땅한 것이 아닌가 하는 생각 때문이었지요. 그렇습니다. 지금 저는 바로 이러한 문사의 둔감함, 자기 성찰의 부재, 폐쇄적 섹트주의가 너무나 안타까울 따름입니다. 이러한 의미에서, 고 김현 선생의 문학적 뜻을 제대로 이해하고 창조적으로 계승한다는 것이 과연 무엇인가에 대해서 문사 동인들이 다시 한번 숙고해야 할 시점이 온 것이 아닐까 싶습니다.

---

20) 최원식, 앞의 글.

5. 추억, 그리고 새로운 시작

이제 글을 맺으면서 다시 제 얘기로 돌아와야겠군요. 최근 제 가족에 새로운 생명이 합류하다 보니, 자연스럽게 옛날 생각을 많이 하게 됩니다. 지금보다 더 젊었을 때의 추억을 말입니다. 사실을 말하자면 최근의 제 문화적 취향 자체가 복고와 추억에 대한 향수에 가깝습니다. 최근에 접한 김광민 콘서트와 브로드웨이 뮤지컬 '스모키 조스 카페—The Songs of Leiber and Stoller'의 아름다운 선율들이 아직도 저의 뇌리에 맴돌고 있군요. 제가 파악하기에 그 공연들은 무엇보다도 '추억'에 대해서, '향수'에 대해서 얘기하고 있습니다. '스모키 조스 카페'를 통해 부모님 세대가 열광하던 팝의 고전들을 즐겁게 들은 후에, LG아트센터 옆의 길거리를 산책하면서 제가 떠올리던 풍경이 무엇이었을까요? 바로 신춘문예에 당선된 후에, 신수동 출판단지에 있던 문학과지성사에 처음 들러서 평론 부문 심사위원이시던 김병익 선생님을 최초로 찾아뵙던 십 수년 전의 추억이었답니다. 그 날 따라 왜 그 생각이 났을까요. 이른바 문학권력 논의를 어떻게 이끄느냐 하는 고민이 무의식적 차원에서까지 저의 추억과 상상력을 호출했던 것이 아닐까 싶습니다.

만으로 스물 셋이던 갓 등단한 애송이 문학비평가가 문학적 상상력의 메카이자, 한국 현대지성사의 한 축이던 문학과지성사를 처음 방문하던 풍경, 상상이 가시지요 이성복 시인의 에세이에도 비슷한 대목이 있지만 저 역시 얼마나 조심스럽던지요 출판단지의 그 넓은 운동장을 가로 질러가면서 정말 새로운 신천지를 걸어가던 느낌이 들더군요. 김병익 선생님의 따뜻한 미소까지도 당시의 저에게는 범접하지 못할 부담스러운 표정이었답니다. 그렇게 저와 문지는 만났고 문지의 책들과 더불어 저의 소중한 문학청년 시대가 흘러갔지요(이 즈음도 제가 학생들에게 권해주는 책들을 보면 단연 문지의 책들이 많더군요).

바로 그 시절로부터 '정말 멀리 왔구나' 하는 생각을 요즈음 합니다. 그러나 멀리 온 것이 제 운명이라면 그것을 기꺼이 받아들이고자 합니다. 지금보다 더욱 더 멀리 가는 것이 제 문학적 소신과 합치된다면 당연히 또 그렇게 해야겠지요. 저로서는 약 2년여에 걸친 문사와의 대화 아닌 대화(?)와 논쟁이 그 무엇보다도 저를 성장케 했다고 생각합니다.

정확히 1년 전 저는 「비판, 그리고 성찰의 현상학」(『문예중앙』, 1999년 가을호)에서 다음과 같은 얘기를 한 적이 있었습니다.

바로 이 글은 문사가 반성적 지성의 진정한 요람으로 거듭나기를 기대하는 심정에서 씌어졌다. 그리하여, 스스로 막강한 권력을 가지고 있으면서도, 경우에 따라서는 그 권력에 대해서 과감한 자기 비판과 전복적 사유를 보여주는 에콜의 탄생을 기대해 보자. 지금으로서는, 아마도 문사가 그러한 가능성에 가장 근접한 문학적 에콜이 아닐까 생각된다.

1년 전의 이러한 언급은 여전히 유효합니다. 다만, 이즈음에는 저의 기대가 정말 기대로 끝날 수 있다는 예감이 스멀스멀 생기기도 합니다. 그 예감을 문사 동인들이 확실히 없애주시기를 바랍니다. 그렇지 않다면, 저는 지속적으로 문사의 오만함과 퇴행적 엘리트주의에 대한 감시의 눈길을 거두지 않을 것입니다.[21)

이 글에 대한 반론이나 반응 중에서 특별히 제가 구체적으로 대응해야할 글이 발표되지 않는다면, 일단 이 글로 문사에 대한 오랜 논쟁적 글쓰기를 마치고자 합니다. 이제 저는 새로운 비평적 여정을 꾸리고자 합니다. 그 여정은 또 다른 대화 파트너와의 만남을 통한 새로운 비판적 글쓰기일수도, 혹은 '비평의 매혹'으로의 회귀일 수도 있겠지요. 그것이 어느 편이 되든, 문사와의 논쟁을 통해서 제가 스스로 체험한 여러 비평적 자산은 제 글쓰기의 가장 소중한 밑거름으로 작용할 것입니다.

이번의 논의와 연관하여 문화비평가 진중권 씨는 이전의 문지 자유게시판에서 다음과 같은 예측을 했었습니다. "권성우 씨

---

21) 그러고 보니, 문사 동인으로 있다가, 혹은 문사 동인과 절친한 관계를 유지하다가, 문사와 어색한 관계에 이르게 된 몇몇의 문학비평가들이 생각납니다. 진형준·임우기·반경환·이동하 등등. 모든 인간관계가 상호적이라고 볼 때, 적어도 그렇게 된 원인의 절반 이상은 문사의 책임이 아닐까요. 그들의 비판을 단지, 소외된 사람들의 한이라는 차원으로 이해할 때, 문사 동인들이 제대로 자기 성찰을 할 수 있을지 의문입니다. 저로서는 문사 측의 어떤 폐쇄성과 오만한 자세가 그러한 비판과 인간관계의 단절을 낳을 수 있다는 사실까지 문사 동인들이 기꺼이 인정해야 한다고 봅니다.

가 다른 지면에서 발언을 하지요? 그럼 잠잠해질 때까지 무시하던지, 아니면 또 다른 권오룡이 나서서 또 그런 괴상한 글을 쓰겠지요." 개인적으로 이러한 예측이 빗나가기를 마음 깊은 곳으로부터 바랍니다. 그리하여, 이 글에 대한 문사의 반응을 통해, 문사에 대한 신뢰를 다시금 회복하게 되기를 진심으로 희원합니다.

마지막으로 모두들 건강하시기를.

2000년 8월, 새로운 생명을 바라보며

권성우 드림

(『문예중앙』, 2000년 가을호)

제 3 장
비판적 글쓰기에 대해서 다시 생각해 본다

1. 비판적 글쓰기—새로운 문화적 흐름

이제 비판적 글쓰기, 혹은 비판적 문학비평은 중요한 전환점을 맞이하고 있다. 강준만의 열정적이며 선구적인 문제의식에 힘입어 광범위하게 확장된 비판적 글쓰기는 이제, 김정란·진중권·김영민·김규항·김명인·신철하,『비평과전망』동인 등등의 다양한 방식의 비판적 글쓰기로 확산되면서, 지성계와 문학비평계의 새로운 글쓰기 흐름으로 뚜렷하게 부각되고 있다.

최근 비판적 글쓰기에 대한 지지와 호응, 문제제기와 평가절하 등의 다채로운 반응이 나타나는 것은 비판적 글쓰기 자체가 첨예한 문화적 쟁점이자, 또 하나의 유행일 수도 있다는 사실을 분명히 보여준다. 이러한 의미에서, 비판적 글쓰기는 지금 새롭게 글쓰기를 시작하고자 하는 비평가 지망생에게 유력한 글쓰기 스타일로 수용될 만큼 지대한 영향력을 미치고 있다고 판단된다. 그리하여, 적어도 인터넷의 여러 문화게시판에 한정하자면, 비판적 글쓰기는 도처에서 다양하게 진행되고 있다. 그러므로 비판적 글쓰기의 공과를 냉철하게 점검해 보는 작업은 앞으로 전개될 비판적 글쓰기의 바람직한 전개를 위해서도 필수적으로 요청되는 과제일 것이다. 이 글에서는 비판적 글쓰기가 새롭게 개척한 의의 및 그 한계에 대해서 짚어보는 과정을 통해, 비판적 글쓰기 자체에 대한 열린 대화를 제안하고자 한다.

2. 실명 비판을 통한, 열린 논쟁문화의 확립

우선, 최근 2~3년 간에 걸쳐서 활발하게 진행되었던 비판적 글쓰기가 실명 비판을 통한 열린 논쟁문화를 확립시켰다는 점은 아무리 강조해도 지나치지 않을 것이다. 사실 비판적 글쓰기가 활성화되기 이전에는, 우리 지성계와 비평계의 논쟁문화에는 무엇보다도 실명 비판에 근거한 구체적인 비판이 드물었다. 몇 달 전에 폐지된 『현대문학』의 <죽비소리>의 미묘한 비판방식 — 죽비소리에 참여하는 필자들의 전체 실명은 밝히지만, 작품

작품마다의 구체적인 필자의 실명은 밝히지 않는 방식 — 은 그 자체로 우리 문학계가 비판에 대해서 얼마나 닫혀 있는가 하는 점을 뼈아프게 보여준다. 완전한 실명을 밝히지 않은 <죽비소리>의 비판마저도 폐지되었다는 사실은 비판과 논쟁적 대화에 익숙하지 않은 우리 비평계의 아픈 자화상이 아니겠는가. 물론 비판적 글쓰기에서 핵심적인 과제나 목표가 실명 비판이냐, 혹은 익명 비판이냐의 이분법적 선택의 문제로 축소될 수는 없을 것이다.

비판의 내용과 비판의 방식이 타당하다면, 비판 행위는 그 자체로 비판 대상자의 한계와 편향에 대한 중요한 문제제기일 수 있으며, 자신에게 주어진 비판을 극복하는 과정을 통해 비판의 대상자는 자기 갱신과 존재론적 전환의 도정을 밟아갈 수 있을 것이다. 다만, 비판과 반론, 그리고 논쟁이 좀더 구체적으로 진행되어, 그 비판이 열린 대화와 생산적인 논쟁으로 전개되어 나가기 위해서는 무엇보다도 실명 비판의 정신이 요청될 것이라는 점은 분명하다(최근 『문학과사회』 동인들에게, 여러 가지 형태의 비판이 전개되고 있는 것도, 바로 이러한 열린 논쟁문화에 냉소적인 태도를 보여주고 있는 그들의 논쟁자세에서 연유하는 것으로 생각된다).

이러한 의미에서 강준만을 비롯한 비판적 글쓰기를 수행하는 논자와 비평가들이 구체적인 실명 비판을 전개하고 있는 것은, 우리 지식인 사회의 비판문화의 수준과 구체성을 한 단계 상승시켜 열린 대화와 논쟁의 문화를 정착시키는데 결정적인 기여를 하고 있다고 생각된다. 물론 비판적 글쓰기를 수행하는 논자들의 구체적인 실명 비판에도 불구하고, 그 비판들이 실제로 상대방의 성실한 반론에 의해서 '열린 대화'로 전개되는 경우는 흔치 않다. 그 이유의 상당 부분은 아직 논쟁과 실명 비판에 대해서 냉소적으로 반응하거나 논쟁의 파트너를 권위적인 입장에서 무시하는 비판의 대상자들에게 있을 터이다. 이러한 대목은 제대로 된 대화와 논쟁을 위해서도 지적 훈련이 필요하다는 사실을 보여준다.

비판적 글쓰기는 또한 이제 어떠한 중심권력과 막강한 매체, 전통적인 에콜도 예리한 비판의 대상에서 제외될 수 없다는, 한마디로 말해서 비판의 성역이 존재하지 않는다는 사실을 확연하게 일깨웠다. 요컨대 탈권위·탈신화화·탈중심의 정신이 비판적 글쓰기를 관류하는 기본적 태도라고 할 수 있는 것이다. 문학비평계를 예로 들면, 사실 비판적 글쓰기가 활성화되기 이전에는 기존의 영향력이 거대한 중심 에콜이나 출판사에 대한 비판은 대단히 드물었다. 왜냐하면 바로 그러한 비판적 행위가 비판을 수행하는 주체의 완벽한 왕따를 자초하기 십상이었기 때문이다. 그러했을 때, 비판적 글쓰기는 모든 소외와 손해를 감수하고 진행되는 실존적 결단일 수도 있다.

그러나 비판적 글쓰기가 의욕적인 문제의식을 지닌 상당수의 젊은 문학비평가와 문화비평가들에게 확산되고 있는 이 즈음, 비판적 글쓰기는 비판적 글쓰기를 전개하는 다양한 논자 서로간의 차별성을 지닌 넓고 느슨한 연대에 기초한 문화운동의 차원에서 전개되고 있다. 최근에는 비판적 글쓰기의 분화과정이 뚜렷하게 나타나고 있다. 말하자면, 얼마 전까지만 해도, 전투적 논객, 비판적 논객 등으로 뭉뚱그려져서 불리던 강준만·김정란·이명원·진중권·김명인·김규항 등등 사이에 글쓰기의 섬세한 입장차이가 발생하고 있는 것이다. 이러한 분화과정은 궁극적으로 비판적 글쓰기가 상호 비판과 대화적 소통을 통해 서로의 미세한 차이와 전략을 차별화 하는 소중한 계기로 작용할 것으로 보인다. 그러니, 그 비판의 유효성과 타당성이 인정된다면, 그 어떤 막강한 문화권력도 비판적 글쓰기를 완전히 무시할 수 없을 터이다. 이제 비판적 글쓰기가 주창하는 문학(문화) 권력의 공정한 행사 여부에 대한 문제제기 및 비판을 통한 열린 대화의 가능성은 누구도 쉽게 부인할 수 없는 문화적 흐름으로 정착되고 있는 것이 아닌가.

최근에 『창작과비평』 주간 최원식 교수는 "실제로 창비조직을 끌어나가는 집단이 권력화 또는 관료화하는 일도 더욱 경계하겠습니다. 근본적으로 우리와 뜻을 같이하는 분들과, 아니 뜻을 달리하는 분들과도 지금보다 더욱 소통을 원활히 하면서, 훌륭한 글쓰기에 요구되는 상호 비판적 훈련을 일층 강화할까 합니다"라고 창비의 인터넷 게시판에서 밝히고 있는 바, 이 대목은 무엇보다도 '비판 행위'의 소중한 역할을 적극적으로 인정하고 있다는 점에서 주목된다. 물론 이 부분은 창비 진영의 자기성찰적 태도를 일정 부분 반영하고 있지만, 동시에 최근에 활발하게 전개되는 비판적 글쓰기의 대의를 뒤늦게나마 인정할 수밖에 없는 창비 진영의 고뇌가 담겨 있는 대목일 터이다. 바로 이러한 대목은 이제 비판적 글쓰기가 고독한 개인의 아웃사이더적 저항의 단계를 탈피하여, 비판과 열린 대화를 통해 지성계와 문학비평의 역동성을 회복하려는 동시다발적인 문화적 흐름으로 전개되고 있다는 점을 여실히 보여준다.

비판적 글쓰기에 대한 문제제기는 바로 이러한 현실 인식에서부터 시작되어야 하는 것이 아닐까. 말하자면, 비판적 글쓰기가 하나의 유력한 문화적 흐름이 되었을 때, 그 자체에 대해서 비판적으로 성찰하는 태도가 바로 진정한 비판적 태도 아닐까.

3. 비판적 글쓰기에 대한 열린 비판을 위하여

흥미로운 사실은 비판적 글쓰기는 다양한 논객들에 의해 이전보다 대단히 활발하게 전개되고 있지만, 비판적 글쓰기 자체에 대한 열린 비판이나 공식적인 문제제기는 상당히 드물다는 점이다. 대신, 비판적 글쓰기에 대한 비판들은 유비 통신이나 술자리 잡담의 차원에서 비공식적으로 전개되는 경우가 비일비재하다. 이러한 사실은 우리 지성계의 토론문화가 아직 전근대적 차원에 머물러 있음을 참담하게 보여주는 증표이다. 적어도 비판적 글쓰기가 그 한계와 편향을 극복하여, 제대로 전개되기를 소망한다면, 무엇보다도 비판적 글쓰기에 대한 열린 비판이 필요한 것이 아닐까?

비판적 글쓰기에 대한 문제제기와 비판은 다음과 같은 몇 가지 차원에서 전개되었다. 그것들은 대체로 비판적 글쓰기의 문체와 스타일을 문제삼으면서 비판 방식의 한계에 대해서 주목하는 경우, 비판적 글쓰기 역시 또 하나의 권력이 아닌가 하는 문제제기, 비판적 글쓰기에 나타나는 지나치게 주관적인 자기확신과 나르시시즘을 지적하는 경우, 비판적 글쓰기가 흔히 보여주는 동어반복과 비슷한 방식의 글쓰기가 지닌 상투성에 대한 문제제기 등으로 정리될 수 있다. 이 모든 문제제기에 대해서는 심층적인 토론과 지속적인 대화가 필요하다. 이와 연관하여 염두에 둘 점은, 비판적 글쓰기에 대한 이러한 문제제기들이 비판적 글쓰기의 맥락과 의도를 제대로 이해하지 못한 지적 불성실과 편견의 소산일 수도 있다는 사실이다. 가령, 권오룡 씨의 「권력형 글쓰기에 대하여」라는 글로 촉발된 두 번째 문제제기는 여러 가지 차원에서 반론이 전개되었다. 그 중에서 본질적인 문제제기는 비판적 글쓰기가 문제삼는 것은 권력 일반이 아니라, 권력의 불공정한 행사라는 것이다. 그렇다면 비판적 글쓰기가 또 하나의 권력이라는 주장은 사실 어떤 구체성도 결여된 무의미한 지적일 수 있다. 문학장을 둘러싸고 도처에 편재되어 있는 것이 권력일진대, 비판적 글쓰기 역시 그 권력의 자장에서 완전히 탈피할 수는 없는 것 아니겠는가. 그러니, 이 문제는 '권력인가? 권력이 아닌가?'라는 허구적 이분법의 도식을 탈피하여, 주어진 권력을 얼마나 공정하고 객관적으로 행사하고 있는가 하는 차원의 문제의식으로 이동되어야 한다.

지금까지 언급한 문제들은 각각의 입장에 따라 다소 상이한 결론이 도출될 수도 있는 미묘한 사안이다. 바로 이러한 이유 때문에, 비판적 글쓰기의 문제점들에 대한 보다 심화된 토론이 절실하게 필요하다. 그 과정을 통해, 비판적 글쓰기에 대한 잘못된 오해와 편견들을 해체하는 동시에, 비판적 글쓰기에 내장된 문제점들이 존재한다면, 그 부분들에 대해서 허심탄회하게 인정하고 비판적 글쓰기의 철저한 자기 갱신과 자기 비판을 수행해야 할 것이다. 바로 이러한 과정들이 비판적 글쓰기를 풍문과 오해, 편견으로부터 탈주시켜, 우리 시대의 새로운 문화적 아방가르드의 필연적인 선택이자 실존적 전략으로 자리잡게 할 것이다.

지금까지 서술한 의미에서, 이 글에서는 비판적 글쓰기에 대한 첫 번째 문제제기, 즉 비판적 글쓰기가 때로 보여주는 비판 방식의 문제점에 대한 내 입장을 밝히는 과정을 통해, 비판적 글쓰기에 대한 좀더 열린 토론을 제안하고자 한다. 비판적 글쓰기의 스타일이나 문체, 혹은 비판 방식의 문제점을 거론하면서 이러한 문제점들이 비판의 대의와 그 정당성마저도 훼손시킨다는 주장들이 있었다. 필자 역시 김정란의 「조선일보를 위한 문학」에 대한 이러한 차원의 문제를 제기한 적이 있었다(「비판, 그리고 성찰의 현상학」, 『문예중앙』, 1999년 가을호). 이와 유사한 문제의식의 연장선상에서 강준만의 글쓰기 스타일을 문제삼으면서 그의 비판적 문제제기 자체의 정당성을 인정하지 않는 경우도 있었으며, 문학비평계를 예로 들자면 반경환 씨의 비판 방식에 대한 가차없는 비판을 전개할 수도 있을 것이다. 이러한 비판들에 대해서는 다음과 같은 반론이 가능하다. 말하자면, 중요한 것은 비판의 내용이지, 그 형식이 아니라는 것이다. 김영민은 강준만·진중권·김정란 등에 대한 비판을 문제삼으면서 다음과 같이 얘기하고 있다

> 지식인들은 골리앗이 권력화한 주요 매체를 주무르고 있는 현실에 대해서는 입을 다물고, 바로 그 매체에 얼굴을 내밀면서, 기껏 한다는 소리가 '섬세하고 공정한 텍스트 읽기'이다. 그들은 싸움의 실질이 컨텍스트를 통해 이루어진다는 사실을 애써 외면하면서, 말 못하는 텍스트를 심문하느라 바쁘다: 맞춤법은 어긋남이 없는가, 문체는 가지런한가, 감정 노출은 절제되어 있는가?
> ― 김영민, 「심판은 없다」, 『시사저널』, 1999.12.10

위의 김영민의 주장은, 강준만과 진중권·김정란 등의 글이 내장하고 있는 문제의식에 대한 성실한 검토 없이 이들의 글이 표출하고 있는 다소 공격적인 문체나 격렬한 비판의 톤에 대해서만 문제제기 하는 풍토에 대해서 예리하게 비판하고 있다. 기본적으로 이러한 김영민의 입장에 동의한다. 진정한 비판은 그

비판의 내용과 맥락에 대한 성실한 이해과정을 통해서 도출될 수 있을 것이다. 그렇다면, 강준만이나 김정란 등이 문제제기하고 있는 내용에 대해서 기본적으로 동의하면서도, 그들의 글쓰기 방식의 어떤 부분에 대해서 비판할 수는 없는 것일까? 나로서는 바로 그러한 작업도 충분히 가능하다고 본다. 이러한 의미에서 김영민의 주장은 비판적 글쓰기에 대한 비판들을 다소 편향적으로 이해하고 있다는 느낌을 준다.

아울러 김영민의 주장에 대한 다음과 같은 문제제기도 충분히 가능하다. 텍스트가 컨텍스트를 통해 규정되는 부분이 있는 것은 물론 사실이지만, 동시에 텍스트 자체의 논리가 컨텍스트의 맥락을 변화시킬 수도 있는 것이다. 원론적으로 말하자면, 글쓰기 스타일이나 글쓰기 방식은 결코 내용과 분리될 수 없는 것이 아닐까? 타자를 비판하는 방식을 통해, 우리는 비판자가 상정하는 내용의 정당성과 비판적 기획의 이미지까지도 그려볼 수 있는 것이 아닐까? 사실 글쓰기 스타일이나 비판의 방식은 그 사람이 주장하고 있는 내용의 정당성에 참으로 섬세하고 중대한 영향력을 미치고 있는 것이 아닐까? 좀 극단적으로 말하자면, 글쓰기 스타일 자체가 그 사람의 세계관 자체를 보여주는 것이 아닐까?

이러한 면에서 볼 때, 특히 김정란의 비평 방식이 비판의 당사자로 하여금 얼마나 자기 성찰과 자기 비판을 가능케 했는지 되물어볼 필요가 있다. 마찬가지로 강준만의 몇몇 글(이를테면 문화비평가 조형준에 대한 비판은 대단히 감정적이라는 느낌을 준다)이나 두더지라는 표현으로 강준만에 대한 반론을 제기한 임지현의 글이 얼마나 상대방에게 열린 성찰을 유도했는지 의문이다. 아울러 임우기·반경환·구모룡·『비평과전망』 동인·필자 등등의 『문학과사회』 그룹에 대한 일련의 비판이 생산적인 열린 대화로 귀결되지 못한 것은 문사 그룹의 냉소적이며 반대화적 태도 못지 않게 비판주체들의 비판 방식의 문제에서도 일정 부분 연유하는 것이 아닐까? 이와 연관하여, 앞에서 지적한 바와 같이 대체로 비판적 글쓰기가 상대방의 적극적인 반응에 의해 열린 대화와 치열한 논쟁으로 전개되지 못한 이유는 비판적 글쓰기 자체의 문제점에서 연유하는 것인가? 아니면 비판대상자들의 독선적이며 오만한 태도에서 연유하는 것인가? 그리고 아무리 주장하는 내용이 옳다고 하더라도, 그 주장이 타당한 문제의식에 의해 섬세하고 논리적인 방식으로 전개되지 않는다면, 궁극적으로는 그 비판의 효과와 정당성 마저 훼손될 수 있는 것이 아닌가? 등등의 문제를 세심하게 짚어볼 필요가 있을 것이다.

그러니, 비판의 내용에 못지 않게 중요한 것은 비판의 방식일 수 있다. 모순과 불의에 대한 뜨거운 분노와 예리한 문제의식을 내장하고 있으면서도, 논리적이며 섬세한 비판적 글쓰기를 전개하는 것은 그토록 힘든 것일까? 무엇보다도 이러한 일련의 의문들에 대해서 구체적으로 고민하고 모색하는 과정을 통해서 비판적 글쓰기는 지속적인 자기 갱신을 이루어내야 할 것이다.

그렇다고 해서, 내가 비판적 글쓰기에 대해서 회의하고 있거나, 비판적 글쓰기의 기본적 의의에 대해서 부정하는 것은 결코 아니다. 비판적 글쓰기를 전개하는 논자들의 예리한 문제의식과 뜨거운 열정, 엄밀한 윤리의식으로부터 나는 참으로 많은 것을 배웠다. 그러나 이제 비판적 글쓰기에 진정으로 필요한 것은, 비판적 글쓰기에 대한 지지와 애정 못지 않게 서늘하고 날카로운 문제제기일 것이다. 비판적 글쓰기에 대한 편견과 오해를 불식시키기 위해서라도, 비판적 글쓰기는 무엇보다도 스스로 자기 비판과 자기 성찰, 상호 비판에 나서야 한다. 이러한 의미에서 이 글이 비판적 글쓰기에 대한 열린 대화의 작은 출발점이 되기를 기대한다.

(『인터넷 문학 세미나』 14회 발제문, 2000.9.21)

비판적 글쓰기, 메타비평, 실명 비판

1. 비판적 글쓰기에 대한 편견을 너머

"비평이란 무엇인가?"라는 물음은, 적어도 비평의 존재 의미에 대해서 근원적이며 진지한 관심을 가진 비평가라면, 지속적으로 던질 수밖에 없는 중요한 화두일 것이다. 특히 최근 2~3년 동안은 기존의 비평문학에 대해서 비판적으로 성찰하는 흐름이 전개되면서, 진정한 열린 비평에 대한 모색과 갈망이 새롭게 분출하는 문제적인 시기였다고 할 수 있다. 나는 이 글에서 최근에 집중적으로 논의되고 있는 몇몇 비평적 현안에 대한 사유를 개진하는 과정을 통해, 이 시대 비평 현실의 올바른 파악을 위한 모색을 시도해보고자 한다. 이 글에서 다루고자 하는 주제는 첫째 실명 비판의 문제, 두 번째 메타비평의 문제, 세 번째 비평의 핵심이라고 할 수 있는 비판의 문제 등의 세 가지이다. 이 세 가지 주제들은 일견 서로 독립적인 테마로 보여질 수도 있지만, 하나같이 이 시대의 비평 조류를 둘러싼 민감한 테마로서, 제대로 된 비평을 수행하고자 하는 비평가라면 결코 회피할 수 없는 소중한 문제의식을 담고 있다고 판단된다. 이 세 가지 문제가 열린 대화 속에서 구체적으로 논의될 수 있을 때, 항간에 널리 퍼진 '비평의 위기'라는 유행적 담론도 상당 부분 극복될 수 있으리라. 이러한 의미에서, 누구나 비평의 위기를 말하면서도, 최근의 비평적 쟁점에 대해서 진정으로 열린 대화를 수행하지 않고 있다는 점이 바로 '비평의 위기'를 말 그대로 입증해주고 있다고 생각된다. 그렇다면 그 위기를 돌파하는 비평의 희망은 과연 어디에 있을 것인가?

2. 실명 비판에 대하여

최근 『현대문학』의 <죽비소리>가 폐지되면서 비평에 있어서 '실명 비판'의 문제가 중요한 논점으로 떠오르고 있다. 아울러 『문학과사회』 2000년 여름호의 '쟁점비평' 코너에 발표된 권오룡의 평문 「권력형 글쓰기에 대하여」 역시 실명 비판과 연관된 논점을 제공하는 문제적인 글이다. 이러한 현상들에 대한 탐색을 통해 실명 비판의 의미와 필요성을 되짚어 볼 수 있을 것이다.

우선 비판문화의 형성에 그 나름대로 소중한 기여를 했던 <죽비소리>부터 얘기해보자. <죽비소리>의 형태는 참으로 기묘하다. 그것은 실명 비판과 익명 비판의 경계에 서 있는 이상한 형식이다. 말하자면, 그 달에 <죽비소리>에 참여한 필자들의 명단은 실명으로 밝히지만, 그 논자 각각이 구체적으로 어떤 작품에 대해서 비평했는지에 대해서는 아무런 정보가 없다는 것이 <죽비소리>의 특징이다. 그러다 보니, 그 비판의 당사자가 나중에 밝혀져 문제가 되기도 했었다고 한다. 이를테면 신경숙의 장편소설 『기차는 7시에 떠나네』와 김호경의 장편소설 『낯선 천국』을 혹독하게 비판한 평자가 나중에 구체적으로 밝혀져서, 그 필자들이 곤욕을 치르면서 다소 감정적인 반론과 논쟁이 전개되기도 했던 것이다. 이러한 사실은 아직 우리 문화계가 토론과 비판을 통해서 열린 대화를 진행하는 작업에 익숙하지 않다는 사실을 뼈아프게 보여주고 있다. 사실 <죽비소리>의 이 기묘한 형식은 비판적 글쓰기의 미봉책에 불과한 것이 아닐까. <죽비소리>가 진정으로 열린 대화와 생산적인 논쟁문화를 지향했다면, 각 작품마다 비판자의 실명을 구체적으로 밝혀서 차후에 후속 논의가 가능한 기반을 조성해야 했다. 그것이 가능하지 않다 보니 마치 숨은 그림 찾기처럼 필자를 예단하고 그것을 실제로 확인하는 웃지 못할 과정이 존재했던 것이다. 21세기를 코앞에 둔 시점에서 발생했던 <죽비소리>의 헤프닝은 이 땅의 현대비평과 비판문화, 토론문화의 전근대성과 퇴행성을 희극적으로 보여주는 상징적인 표지가 아닐까 싶다.

군이 <죽비소리>의 형식을 이해하자면, 비판과 문제제기를 감정적으로 수용하거나 자신의 권위에 대한 도전으로 생각하는 분위기가 아직 뿌리깊게 온존하고 있는 우리 지성계의 풍토에서 과감한 실명 비판이 야기할 부담을 고려하지 않을 수 없었으리라는 생각이 들기도 한다. 그러나, 최근에 강준만의 『인물과 사상』이나 『아웃사이더』 같은 잡지의 문제제기에 의해 실명 비판 문화가 정착되어가고 있는 중이라는 사실, 그리고 문학비평계에서도 『비평과전망』을 중심으로 한 몇몇 젊은 비평가들이 자발적으로 실명 비판의 문화를 수행하고 있다는 점 등등을 감안하면, 분명히 실명 비판이 요구되는 대목에서 애매한 익명 비판을 고집하는 것은 퇴행적이며 비겁한 논리가 아닐까 싶다. 이제 열린 대화와 생산적인 논쟁을 전개하고자 하는 논자라면, 실명 비판은 하나의 선택이 아니라 필수적으로 요구되는 기본적인 태도가 되어야 하지 않을까 싶다. 비판이 제대로 된 효과를 발휘하게 되는 것은 그 비판이라는 행위에 모든 것을 걸었을 때, 그러니까 자신의 이름과 자존심을 걸고서 비판 행위에 참여했을 때일 것이다. 아울러 그러한 실명 비판을 통해서 비판의 대상이 된 당사자와 비판자는 열린 논쟁을 통한 타자와의 만남을 통해 서로의 한계를 스스로 갱신해 나가는 소중한 기회를 부여받게 될 것이다. 비판의 대상을 구체적으로 명시하지 않고 애매한 일반론을 통해서 비판을 전개하는 것은 비판의 논리 자체가 허약하다는 인상을 주며, 비판의 대상자들에게도 불쾌감만을 야기하게 될 것이다.

지금까지 언급한 취지에서 볼 때, 권오룡의 「권력형 글쓰기에 대하여」(『문학과사회』, 2000년 여름호)[1]는 단지 타자의 이미지를 훼손시키기 위한 목적으로 씌어진 반대화적 비판이라고 할 수밖에 없다. 현금의 비평계의 첨예한 쟁점을 논하면서, 비판 대상에 대한 구체적 예증과 최소한의 논리적 분석과정도 생략한 채, 단지 소박한 우화적 서술을 통해서만 타자들을 제압하는 방식은 그 자체로 지나치게 냉소적이며 오만한 태도가 아닌가. 적어도 권오룡이 진정으로 열린 대화를 지향했다면 결코 이러한 방식으로 글을 쓰지는 않았을 것이다. 한 마디로 말해서 권오룡의 글은 익명 비판이 보여줄 수 있는 치명적인 문제점을 고스란히 포함하고 있는 비평문이다. 물론 모든 비판에 대해서 실명 비판을 기계적으로 요구할 수는 없을 것이다. 그러나 적어도 당대 문화계나 비평계의 쟁점이 되는 첨예한 논의에 대해서 비평을

---

1) 권오룡의 글이 지닌 문제점에 대해서는 신예비평가 이명원의 「권오룡의 돈키호테식 글쓰기 - '권력형 글쓰기에 대하여'를 비판한다」(『반갑다 논장』, 2000년 6월호)와 인터넷 웹진 「대자보」(http://www.jabo.co.kr)의 특집기획 「문학권력과의 열린 대화를 지향한다」에 수록된 홍기돈의 「거울 앞에 앉은 백설공주들을 위하여」, 전병문의 「현대의 신화 - 권력은 어떻게 유지되는가」, 김기정의 「갈매기는 기존 권력의 해체를 꿈꿨다」를 참조할 수 있다.

전개한다면, 구체적인 실명 비판을 통해 열린 대화가 오고 갈
수 있게 해야 하지 않을까.

그렇다면 비판할만한 대상이 없어서 <죽비소리>를 폐지한다
는 『현대문학』측의 주장은 어떤가? 한마디로 이러한 주장은 궁
색하게만 들린다. 과연 현재 이 땅의 문학 현실이 비판할 가치
조차 없는 작품만이 양산되고 있는 것일까? 그것이 아니라면,
비판과 문제제기가 필요 없을 만큼 지금 이 시대에 발표되는 작
품들이 탁월하다는 것인가? 짐작컨대, <죽비소리> 폐지의 진정
한 이유는 비판이라는 민감한 행위 자체를 『현대문학』의 편집
진들이 지속적으로 감당하기 힘들었기 때문이 아니었을까 싶다.
이러한 의미에서 『문예중앙』이 이번 여름호부터 「비판적 서평」
을 신설하여 장문의 실명 비판의 장을 제공하고 있는 것은 <죽
비소리>가 지닌 비판 방식의 한계를 돌파하려는 소중한 노력의
일환으로 파악된다.

우리 비평계는 무엇보다도 논쟁과 비판에 익숙하지 않은 전
근대적 풍토를 혁신해야 되지 않을까. 그러한 노력 없이 타성적
으로 발언되는 '비평의 위기'라는 표현은 역으로 그 발언자의
비평에 대한 안이하고 불성실한 태도를 보여주는 거울이리라.

3. 메타비평에 대하여

최근 우리 비평계에는 메타비평을 수행하는 젊은 비평가들이 다수 등장하고 있다. 강준만·진중권·김규항·김정란·김영민 등이 수행하는 다양한 사회·문화 비평 분야는 물론이거니와, 고미숙·김명인·신철하 등의 문학비평, 『비평과전망』 동인으로 '독백적 담론의 특권화된 해석학'에 대한 비판적 검토를 의욕적으로 전개하고 있는 이명원·고명철·홍기돈의 문학비평, 그리고 최근 인터넷 웹진 「대자보」의 특집기획 「문학권력과의 열린 대화를 지향한다」에 각기 메타비평을 발표하면서 권오룡과 『문학과사회』를 비판한 전병문·김기정·홍기돈 등의 문학비평이 이러한 흐름에 해당된다. 비평 역시, 문학의 한 장르이며 시나 소설에 대한 비평이 필요하듯이 비평 자체에 대한 비평도 절실히 필요하다는 사실에 비추어보면 이러한 현상은 지극히 자연스러운 것이다. 특히 메타비평 자체가 우리 비평계에서 그다지 활발하지 못했다는 사실을 감안하면, 이러한 흐름은 고무적인 현상이다. 그러나, 메타비평에 대한 관심이 표면적으로는 증가한 것으로 보이는 최근에도 실상 메타비평이 활발하게 전개된다고 볼 수는 없다. 무엇보다도 논쟁에 대한 회피 심리, 그리고 권오룡의 비평에서 확연히 나타나듯이 열린 대화를 거부하는 주류 에콜의 편협한 태도가 메타비평의 활성화를 가로막는 장애물이다.

계간지가 발간되는 한 분기마다 발표되는 100여 편을 상회하는 비평문 중에서 사실 메타비평에 해당되는 글들은 서너 편에 불과한 실정이다. 그리고 기존의 문예지에서, 민감한 쟁점에 대한 소신 있는 비판을 담은 메타비평의 게재에 부담을 가지는 경우가 많다 보니, 제대로 된 메타비평을 추구하는 몇몇 젊은 비평가들이 자신들의 독자적인 매체(『비평과전망』, 『애지』, 「대자보」 등이 이에 해당된다)를 발간하여 힘겹게 메타비평을 수행하는 형국인 것이다. 어떤 의미에서는 이 시대에 메타비평을 철저하게 수행한다는 것은 비평적 아웃사이더가 되기를 자처하는 길일 수도 있다. 이런 의미에서, 그 희소성의 측면에서 보더라도, 메타비평은 충분히 의미 있는 글쓰기라고 할 수 있다.

그런데 우리 비평계에서는 이러한 문학적 고투를 통해 발표되는 메타비평의 의미를 노골적으로 평가 절하하는 경우가 많다(과연 그 의도는 무엇일까?). 가령, 『문학동네』의 2000년 봄호 좌담 「다시 문학이란 무엇인가」[2]를 비롯한 메타비평들에 대한 상당수 비판들이 이러한 실례에 해당된다. 이러한 비판들은 메타비평을 위주로 비평을 전개하는 비평가들을 향해 작품(텍스트) 분석에 소홀하다고 비판하고 있다. 이들이 보기에 비평은 무엇보다도 작품에 대한 텍스트 분석이 우선시되어야 한다는 것이

---

2) 이 좌담의 문제점에 대해서는 이명원의 「좌담은 왜 하는가―『문학동네』, 2000년 봄호 좌담 무엇이 문제인가?」(『반갑다 논쟁』, 2000년 3월호)와 권성우 「생산적 대화는 어떻게 가능한가?―비판, 그리고 성찰의 현상학 2」(『한국문학평론』, 2000년 봄호)를 참조할 수 있다.

다.3) 비평 역시 하나의 텍스트라면, 기본적으로 이러한 주장은 정당하다. 그러나 이들의 논의는, 메타비평의 성취와 한계를 세밀하게 따지기보다는, 전혀 구체적인 텍스트에 근거하지 않은 채 비판적 글쓰기와 메타비평에 대한 흠집을 내기 위해서 '텍스트주의'를 들이대고 있다는 점에서 문제가 있는 것이다.

메타비평은 그 자체로 독자적인 의미를 지닌 글쓰기 양식이다. 작품을 성실하게 분석하고 해석하는 비평이 비평의 한 종류라면, 비평의 문제점과 편향, 비평가의 이데올로기와 행태에 대해서 비판적으로·이론적으로 접근하는 메타비평 역시 의미 있는 비평의 한 종류인 것이다. 그리고 보다 근원적으로 본다면, 비평 역시 또 하나의 작품이자 텍스트가 아닌가. 시나 소설과 같은 창작물의 분석에 치중하는 비평만을 온전한 비평이라고 강변하는 일부의 견해는, 마치 시나 소설 같은 순수 창작품만 의미 있는 문학이고, 비평은 창작의 시녀에 다름아니라는 저급한 '창작 우위론'과 유사한 발상에 해당된다. 비평이 시나 소설과 비견되는 하나의 독자적인 장르, 혹은 독자적인 글쓰기 양식이라면 메타비평 역시 다양한 비평 방법 중에서 하나의 고유한

---

3) 가령 『문학과사회』(1999년 겨울호)는 하응백 비평집의 미덕을 이렇게 설명하고 있다. "비평이라는 이름 아래 남의 흠집내기에만 열중하고 있는 세태에 하응백 씨는 꼼꼼한 텍스트 읽기의 중요성을 거듭, 그러나 조용하게 강조하는 듯하다."(1,388면) 도대체 "남의 흠집내기에만 열중하고 있는 세태"라는 표현이 어떠한 논리적 추론을 통해서 씌어지는 것인지 정말 궁금하다. 이러한 식의 아무런 구체적 근거 없는 폭력적이며 냉소적 발언이야말로 '비평의 위기'를 낳은 진짜 원인 아닌가.

비평 장르이자 독자적인 비평적 글쓰기에 포함되는 것이다. 그러므로, 메타비평을 자신의 고유한 비평가의 길로 선택한 사람에게 왜 작품 중심의 텍스트비평을 수행하지 않느냐고 묻는 것은, 비평가에게 왜 시를 쓰지 않느냐고 묻는 것과 유사한 저급한 질문일 터이다. 그들에 대한 진정한 비판은, 일단 메타비평이라는 선택을 인정한 상태에서 그 메타비평의 깊이와 넓이, 비판의 타당성, 분석의 수준을 면밀하게 따지는 작업에서 가능해지지 않겠는가.

메타비평을 수행하는 비평가들이 과연 텍스트 분석 능력이 없어서 메타비평에 열정을 바치는 것일까? 지금 현재 문예지에 발표되는 비평들의 대다수가 창작물 대상의 텍스트 분석비평이나 해설비평에 해당된다. 아울러 그 무수한 소설집 뒤의 칭찬 일변도의 해설 비평을 감안하면, 메타비평이 지니는 희소성만으로도 그 소중한 의미를 적극적으로 인정해야 할 것이다. 그러므로, 문제는 메타비평이냐 작품(텍스트) 비평이냐? 차원이 아니라, 어떠한 메타비평이냐의 차원에서 제기되어야 하지 않을까?

비평에 대한 비평인 메타비평은 근본적으로 자신의 실존과 욕망에 대한 정직한 응시가 동반되지 않고서는 참으로 수행하기가 지난한 치명적인(?) 글쓰기이다. 무엇보다도 메타비평은 타자의 비평에 맞서, 주체의 이데올로기, 사유구조, 세계관, 실존의 풍경을 한결 명징하게 드러낼 수밖에 없기 때문이다. 자신의 욕망에 대한 분석 없이, 어떻게 타자의 욕망과 전략에 대해서 투명하게 말하겠는가. 그러니, 이러한 부담과 어려움을 돌파한 자만이 비로소 메타비평을 올바로 수행할 수 있는 것이다.

다시 강조하거니와, 무엇보다도 비평 자체를 하나의 작품이자 텍스트로 볼 수 있다는 사실을 엄밀히 인식해야 한다. 하나의 비평에 대해서 집요하고 성실한 메타비평을 수행하는 것 자체가 일종의 텍스트비평에 해당되는 것이다. 메타비평을 수행하는 비평가는 항상 타자와의 대화를 염두에 두기 때문에, 다른 비평가보다 상대적으로 자기 성찰에 커다란 관심을 둘 수밖에 없으며, 아울러 타자의 비평텍스트와의 대화를 추구하는 것이 메타비평이기에, 적어도 메타비평을 제대로 전개하는 비평가라면 근원적으로 대화적일 수밖에 없다. 이러한 의미에서 이제 메타비평에 대한 비판 역시 좀더 구체적이며 열린 대화의 과정을 통해 이루어져야 한다.

4. 비판에 대하여

비평이라는 문학 장르가 기본적으로 '비판'을 그 주요한 인식론적 수단으로 활용하고 있다는 점을 부정할 수는 있겠는가? 한 작품에 대한 섬세한 텍스트 분석 못지 않게, 그 작품의 가치를 정확하게 판별하고 예리하게 비판하는 작업은 제대로 된 비평이 갖추어야할 기본적인 자질일 것이다. 그런데 우리 비평계는 바로 이 비판이 활성화되어 있지 못하다는 점에서 치명적인 한계가 있다고 판단된다. 최근에 이른바 '비판적 글쓰기'를 진행하는 일군의 젊은 문학비평가와 문화비평가, 인문학자들이 점차 증가하고 있지만, 아직 비판적 글쓰기를 수용하는 비평계의 태도는 상당히 완고한 편이다. 이와 연관하여 김병익 선생이 최근 비평문학에 대한 불만을 말하면서 "할퀴는 비평이 너무 많아요. 어떤 작품의 부정적인 측면, 잘못된 측면을 꼬집기 위해서 비평을 한다는 것은 참 무모한 작업이고 낭비적인 일이죠. 그건 의미화가 아니라 의미 파괴 작업인데, 그러한 일은 문화적인 작업이 아니라고 봅니다"[4]라고 언급한 대목을 짚고 넘어갈 필요가 있을 것이다. 김병익의 이러한 지적은 최근에 전개되는 비판적 비평에 대한 원로급 비평가의 생각의 일단을 엿볼 수 있다는 점에서 소중한 토론의 대상이 될 수 있을 것이다.

우선 김병익의 언급은 구체적인 대상을 적시하지 않았다는 점에서 그 비판의 맥락이 모호하다는 사실이 지적되어야 하겠다. 아울러 그가 비판적 글쓰기의 극히 일부만을 가지고 비판적 비평=남의 글쓰기에 대해서 흠집 잡는 비평으로 단순화시켜서 이해하는 것은 분명히 일종의 편견이라 할 수 있다. 이 문제 역시 최근 비평계의 현실을 전체적으로 파악하면 전혀 다른 입장

4) 김병익·김동식 대담, 「4·19 세대의 문학이 걸어온 길」, 『작가연구』, 2000년 여름호.

에서 조망될 수 있다. 현재 문예지에 발표되는 비평문 중에서 과연 비판에 값하는 비평문들이 어느 정도나 될까? 내가 보기에 비판적 글쓰기에 해당되는 비평문들은 아직도 극소수에 불과하다. 여전히, 해설비평, 덕담비평, 텍스트 물신주의 비평이 우리 비평의 대다수를 차지하고 있다. 다만 비판적 비평이나 비판적 글쓰기가 최근 2~3년 사이에 조금씩 그 비중을 넓혀온 것은 사실일 것이다. 그리하여, 기존의 해설비평과 덕담비평의 풍토에 익숙한 입장에서 보면 마치 비판적 글쓰기가 엄청나게 증가한 것처럼 착각할 수도 있는 것이다. 그러나 과연 그것이 사실일까? 그리고 비판적 글쓰기와 비판적 비평도 여러 층위가 있다. 정말 성실하게 씌어진 예리한 비판이 있는가 하면, 비판적 열정만을 앞세우다 보니 다소 감정적으로 씌어진 비판도 있을 것이다. 그리고 타자와의 치열한 대결을 통해 수행되는 '비판의 아름다움'을 보여주는 비판적 글쓰기가 있는가 하면, 주관적 나르시시즘에서 자유롭지 않은 비판적 글쓰기가 있을 것이다.

그런데 김병익의 발언은 이러한 비판적 글쓰기의 드넓은 층위를 충분히 고려하지 않은 채, 비판적 글쓰기를 '할퀴는 비평'이라는 감각적인 용어로 오도하고 있다는 점에서 문제가 되는 것이다. 어떤 작품의 부정적인 측면을 얘기하는 글쓰기가 어떻게 그대로 낭비적이며 의미 파괴적인 행위로 연결될 수 있는 것일까? 제대로 된 부정과 비판 없이, 치열한 전복적 상상력 없이, 어떻게 한 주체가 근원적인 자기 갱신과 자기 성찰의 계기를 부여받을 수 있겠는가? 이러한 의미에서 김병익의 발언은 부정과 비판, 그리고 해체의 소중한 맥락을 무시하는 일방적인 애기라 하지 않을 수 없는 것이다. 그리고 적어도 이러한 발언이 열린 대화로 이어져, 김병익의 관점이 진정한 비판에 대한 기대와 염원으로 수용되고자 한다면, 김병익이 겨누고자 하는 대상에 대한 구체적인 예시가 있어야 하지 않겠는가? 슬쩍 지나가듯이 비판적 비평을 폄하하는 이 대목에서 내가 오히려 김병익이 말하는 '잘못을 꼬집는 비평'의 부정적인 실례를 보았다면 나만의 생각일까? 비민주적인 문화와 독재적인 정치권력에 대해서 예리한 비판의 칼날을 들이대었던 김병익이 지금 이 시점에서 비판적 글쓰기를 노골적으로 폄하하는 이유는 무엇일까? 무엇보다도 김병익의 발언은 비판적 글쓰기의 희소성과 다양성, 지성사적 맥락을 전혀 고려하지 못한 채, 단순한 차원에서 전개되고 있다는 점에서 결정적인 한계가 있다. 이러한 의미에서 나는 김병익이 과연, 다양한 비판적 글쓰기의 맥락을 성실하게 접한 연후에, 이러한 단순한 발언을 하는 것인지가 솔직히 의심스럽다.

김병익의 예를 통해 확인해 보았듯이, 우리의 비평계는 아직도 비판과 논쟁을 수용하는 태도가 지나치게 편협하며 냉소적이라는 점에서 간과할 수 없는 문제점을 지니고 있다. 적어도 이 문제에 대한 열린 대화 없이는 이 시대 비평의 진정한 혁신과 갱신이 결코 가능하지 않다는 것이 나의 솔직한 생각이다.

비판은 한 마디로 말해서, 비판의 대상자에게 근원적인 자기 성찰과 자기 갱신의 기회를 부여한다. 이러한 의미에서 비판을 받은 문인은 칭찬과 덕담의 대상이 된 문인보다 한층 성실하고 발본색원(拔本塞源)적인 태도로 자아와 대화하게 될 것이다. 그래서 여전히 지금 여기의 문제는 제대로 된 비판을 전개하는 것이다.

5. 글을 맺으며

지금까지, 이 글은 실명 비판, 메타비평, 비판적 글쓰기와 연관된 잘못된 편견에 대해서 살펴보면서, 진정으로 열린 대화에 근거한 비판과 논쟁의 활성화가 비평의 위기를 극복할 수 있는 가장 유력한 대안이라는 사실을 주장해 왔다. 열린 대화, 생산적 대화, 논쟁적 사랑, 이러한 아름다운 단어들은 이 시대의 비평가들이 끝끝내 포기할 수 없는 비평문학의 시대정신을 표상하고 있다. 그러나 우리 비평계의 현실은 그러한 정신과 경지에서 지나치게 멀리 떨어져 있다. 평소에 열린 대화를 강조해 마지않았던『문학과사회』의 동인 권오룡의 익명 비판은 바로 그러한 열린 대화라는 구호 속에 내장된 심각한 자기 모순을 참담하게 보여준다. 이것이 바로 우리 비평계의 현실이다. 이 착잡한 현실을 또렷하게 응시해야 한다. 아울러 더욱 중요한 사실은, 그럼에도 불구하고, 진정한 의미에서의 열린 대화를 결코 포기할 수 없다는 사실이다. 끝끝내 대화를 포기하지 않는 비판적 지성의 진정성 속에서, 그리고 반대화적 비평에 대한 서늘한 응시의 과정을 통해서, 우리는 다시 '비평의 희망'을 얘기할 수 있으리라. 그 희망을 어떤 집단의 논리나 이념적 선입견으로부터도 상대적으로 가장 자유로운 젊은 비평가들에게 기대해 보자.

(『문화예술』, 2000년 7월호)

제5장

생산적 대화는 어떻게 가능한가?

비판, 그리고 성찰의 현상학 2

1. 비판하는 주체의 자기 갱신

그 어떤 진보적이며 비판적인 문화적 흐름도 그것이 일종의 문화적 헤게모니를 획득했을 때, 애초의 신선함과 아방가르드 정신이 퇴색되곤 한다. 예리한 비판적 정신과 전복적 사유마저도 삼켜, 하나의 문화적 이벤트로 만드는 저 불가사리 같은 상업주의와 선정주의의 블랙홀을 어떻게 극복하느냐의 문제는 모든 아방가르드의 숙명이 아닐 것인가? 자신이 주창하는 비판적 사유가 하나의 유력한 입장이 되었을 때, 그 자체에 대해서도 전복적으로 성찰하면서 그 입장에 편승하는 문화적 헤게모니로부터 탈주하는 '철저한 자기 부정'을 감행할 수 있는 주체를 우리는 말의 엄밀한 의미에서 '비판적 사유의 주체'로 명명할 수 있으리라. 그 경지는 참으로 지난하지만, 진정한 비판을 염두에 두는 이라면 숙명적으로 지향할 수밖에 없는 경지가 아닌가 싶다. 그러니, 비판이 자동화하는 순간, 그 비판은 이미 비판이 아니다. 비판 정신의 초발심을 간직한 비판, 바로 그러한 비판의 진정성을 얼마나 지속적으로 감당할 수 있는가의 여부가 비판적 담론의 유효성 및 정당성과 연계되리라. 그러므로 참으로 중요한 것은 비판적 사유 자체가 아니라, 비판적 사유를 수행하는 주체에 대한 성찰과 갱신을 얼마나 철저하게 수행하느냐의 문제일 터이다. 이러한 의미에서 지독할 정도의 철저한 자기 갱신의 노력이야말로 어느 분야에서든지 '퇴색'과 '자기 안주'를 방지하는 정신의 소금일 것이다. 특히, 그 주체가 기존의 문화적 관행에 대한 '비판'과 '전복'을 온 몸으로 시도하는 입장이라면 더욱 그렇다. 구체적으로 자기 갱신의 노력과 자기 성찰은 무엇보다도 '타자'와의 성실한 대화를 통해서 형성될 것이다.

지금까지 개진된 의미에서 최근 일 이년 동안 글쓰기와 문학비평 분야에서 뚜렷한 흐름으로 부각된 이른바 '전투적 글쓰기'나 '비판적 글쓰기'1)에 대한 논쟁적 대화는 절실하게 필요하다.

---

1) 최근 전개되는 강준만 · 김영민 · 김정란 · 진중권 등의 글쓰기는 이 땅의 지성계와 인문학 전반에 커다란 영향을 미치고 있다. 이들의 글쓰기를 한 마디로

그 비판적 글쓰기들이 또 하나의 박제된 신화나 일시적 유행으로 전락하는 것을 방지하기 위해서. 아울러 그 소중한 비판적 사유와 실천들이 우리 지식 사회의 잘못된 편견과 모순을 바로 잡는 유의미한 기획으로 자리잡게 하기 위해서. 그러므로 비판적 글쓰기에 대한 논쟁적 대화는 확인되지 못한 풍문과 완강한 선입견에 포위된 비판적 글쓰기를 진지한 성찰과 자기 반성의 공간으로 이끄는 '분석적 지성의 태도'일 수 있다. 그러나 이 땅의 글 판을 지배하는 논리는 분명 대화적 지성이 아니라, 냉소적 허무주의 쪽에 가깝다. 비판적 글쓰기에 대한 냉소적 태도는 역으로, 그 글쓰기의 진정한 성취와 한계를 합리적으로 탐구하는 의미 있는 작업을 방해하는 장애물로 작용한다. 그리하여, 비판적 글쓰기는 이미 분석 이전의 단계, 즉 하나의 오도된 신화나 풍문이 되어버린 것이 아닌가. 예를 들어 최근 일 이년 동안에 생성된 김정란에 대한 무수한 담론과 풍문을 당신은 기억하는가?

분석적 성찰과 대화적 지성이 실종되어 버린 자리에 극단적으로 상반된 평가, 즉 비판적 글쓰기에 대한 열광과 냉소가 불편하게 공존하고 있는 것이 이 즈음의 비판적 글쓰기를 둘러싼 풍속도가 아닌가 싶다. 이러한 의미에서, 최근에 접할 수 있었

규정할 수는 없을 것이다. 다만 이 글에서는 그들의 글쓰기를 관통하는 중요한 문제의식이 '비판적 사유'에 있다는 사실에 주목하고 그들의 글쓰기를 '비판적 글쓰기'라고 칭하기로 한다.

던 비판적 글쓰기나 메타비평에 대한 비판적 조언이나 논쟁적 제안들은 적어도 불건강한 냉소주의를 탈피하고 있다는 점에서 주목된다.

그 글들은 이진우의 「자유정신을 배반하는 전투적 자유주의」(『Emerge』, 2000년 2월호), 이명원의 「김정란 혹은 담론의 뇌관」(『애지(愛知)』 창간호, 2000년 봄호), 고명철의 「김정란의 비평적 실천, 똑바로 보기」(『애지』 창간호), 그리고 좌담의 형태로 제출된 「다시 문학이란 무엇인가」(『문학동네』, 2000년 봄호) 등이다. 비판적 글쓰기에 대한 적극적 옹호와 완강한 무시 사이에서, 위의 평문과 좌담들은 비교적 비판적 글쓰기에 대한 냉철한 진단과 비판, 혹은 합리적인 옹호를 보여주고 있다. 이 글들과 좌담은 지금 문학비평과 논쟁문화에서 가장 첨예한 관심사로 대두한 민감한 테마와 화두에 대해서 접근하고 있다는 점에서 그 일정한 의의를 인정할 수 있을 것이다. 나는 이 글에서 '비판적 글쓰기'에 대한 비판적 논의들을 다시 비판적으로 검토하고자 한다. 그리하여, 이 평문에서는 철학자 이진우의 글과 김미현·신수정·이광호·이성욱·황종연 등이 참석한 「다시 문학이란 무엇인가」 제하의 좌담에 대한 '비판적 개입'을 통해, 이른바 비판적 글쓰기와 메타비평에 대한 문제제기가 합리적인 논쟁적 대화나 생산적 대화에 해당될 수 있는지에 대해서 탐색하고자 한다. 이러한 과정을 통해, 서로에게 진정으로 열려 있는 논쟁적 대화의 성숙을 모색해보는 것이 이 글의 소박한 목적이다.

2. 이진우의 불성실한 대화와 선입견

김상환·김영민·김진석 등과 더불어서, 중요한 인문학적 쟁점에 대한 참신한 문제제기를 의욕적으로 시도하고 있는 철학자 이진우는 이른바 '전투적 자유주의자'들로 일컬어지는 강준만·김정란·진중권의 비판적 글쓰기에 대한 논쟁적 대화를 시도하고 있다. 그는 먼저 그들의 글쓰기 방식에 대한 불편한 감정을 다음과 같이 토로하고 있다.

> 곰곰이 생각해보니 나를 불편하게 만드는 것은 아무래도 실명비판과 인식공격의 벼랑 타기를 하는 공격적 글쓰기인 것 같다. 왜냐하면 그들이 제도권 바깥에서 제도를 비판하는 동기와 의도는 정말 아무런 문제가 없기 때문이다.[2]

이러한 이진우의 언급은 실명 비판이라는 열린 대화의 형식이, 한 명민한 철학자에게도 부담으로 다가갈 만큼 자신의 온 실존과 입장, 인간관계를 건 치명적인 방법이라는 사실을 웅변하고 있다. 그러나 역설적으로 말하면, 바로 그러한 실명 비판이라는 결단이 바로 소신 있는 대화와 냉철한 비판의 기반이 아닐까. 실명 비판이 야기할 여러 가지 불이익이나 손해를 감수하면서 실명 비판을 자신의 실존을 건 태도로 정립시키는 과정에

---

2) 이진우, 「자유정신을 배반하는 전투적 자유주의」, 『Emerge』, 2000년 2월호, 16면.

대한 이해가 바로 전투적 글쓰기를 이해하는 과정이 아닐까 싶다. 이진우의 다음과 같은 언급은 그의 전투적 자유주의 비판이 심각한 오해에 기반하고 있다는 사실을 여실히 보여주고 있다.

많은 지식인들에 대한 무차별적 인신공격이 비판이라는 이름으로 정당화되고 있다. 마치 언론에 나타난 글이 그 사람 전체를 말해주는 것처럼.[3]

나는 이러한 이진우의 언급이 이른바 비판적 글쓰기의 의미를 지나치게 단순화시키고 있다고 판단한다. 과연, 강준만이나 진중권·김정란 등의 글쓰기를 지식인들에 대한 무차별적 인신공격으로 손쉽게 몰아갈 수 있을까? 적어도 이진우가 '무차별적 인신공격'이라는 용어를 사용하기 위해서는, 그들의 논리에 대한 섬세한 검증과 텍스트에 근거한 논리적 비판을 전개해야 하는 것 아닐까? 그러나 이진우는 그러한 노력과 구체적인 논거도 없이, 비판적 자유주의자들의 글쓰기를 '무차별적 인신공격'으로 몰아가고 있다. 이러한 태도야말로 이진우가 비판해 마지않은 극단주의와 파시즘적 사고의 전형적인 실례가 아닌가. 물론 이진우의 비판과는 별도로 비판적 자유주의자들의 전투적 글쓰기에 대한 냉철한 비판이 절실히 요구된다. 그러나 그 비판이 이진우 식의 불성실한 비판으로 전개될 때, 비판적 글쓰기의 의미와 한계를 냉철히 짚어내기 위한 참다운 '논쟁적 대화'는 요

---

3) 위의 글, 18~19면.

원해지는 것이 아닌가. 이진우의 전투적 자유주의자 비판은 다음과 같은 문장으로 종결된다.

그러나 무엇보다 우리를 불편하게 만드는 것은 투쟁을 통해 이룩하고자 하는 사회의 모습을 구체적으로 제시하지 않는다는 점이다. 마치 흔들기만 하면 사회의 평형 상태가 저절로 이루어질 수 있다는 것처럼. 우리가 우리를 기만하고, 추상화시키는 제도를 괄호 치고 사람만을 건드린다면, 그것은 자유정신을 배반하는 것이다. 극단적 자유주의 역시 여느 사상과 마찬가지로 전투의 반동적 의지에 사로잡히면 극단주의로부터 자유로울 수 없는 법이다.[4]

이러한 이진우의 비판은 모든 비판적 논의에 명료한 대안의 제시를 요구하는 80년대 사회과학적 담론의 '대안 집착증'을 떠올리게 한다. 비판이라는 행위 자체가 이미 암묵적으로 대안과 연계되어 있는 것 아닐까? 해체와 건설, 혹은 비판과 대안은 이분법적으로 명료하게 구분되는 것이 아니다. 그것이 제대로 된 비판과 해체라면, 그 비판과 해체 자체가 하나의 의미 있는 대안을 위한 중요한 중간과정일 수 있는 것이다. 보다 근본적으로는 그것이 제대로 된 비판과 해체라면, 그 비판과 해체 자체로도 충분한 의미를 담보하고 있는 것 아닐까? 포스트모더니즘의 전략과 이론적 맥락을 누구보다도 정확하게 이해하고 있는 이진우의 이러한 발언을 어떻게 이해해야 할까? '해체' 자체가 새로운 구성과 연계된다는 사실을 그는 과연 모르고 있는 것일까?

---

4) 위의 글, 18면.

아울러, 전투적 자유주의자들의 인물 비판을 "제도를 괄호 치고 사람만을 건드린다"고 이해하는 이진우의 논법 역시 핵심을 비켜간 '비판을 위한 비판'에 가까운 것이 아닐까. 오히려 전투적 자유주의자들의 진정한 의도는 두루뭉실하게 제도나 구조를 언급하는 구조주의적 편향에서 탈피하여, 그 구조 속에서 현상되는 개인의 다양한 차이와 입장, 행태 등을 구체적으로 비판하는 작업에 있지 않았던가. 내 생각에, 전투적 자유주의자들이 구체적인 인물의 비판에 치중하는 것은, 구조와 제도에 대한 문제의식의 결여에서 연유한다기보다는 실명을 밝히지 않은 애매한 일반적 비판이 지닌 문제점을 인식했기 때문일 것이다. 이러한 의미에서, 이진우는 구조주의적 인식의 장점과는 별도로, 구조와 체계에 대한 일반론적 지적이 문제의 해결에 아무런 도움이 되지 않는 추상적 발언일 수 있음을 깨달아야 할 것이다.

이진우의 이러한 불성실한 비판은 이진우와 전투적 자유주의자들 사이의 논쟁이 생산적 대화로 발전하는데 커다란 장애물로 작용하고 있다. 나는 지금까지 우리 인문학계의 중요한 쟁점에 대해 생산적인 문제제기를 성실하게 수행해온 이진우가 '비판적 글쓰기'를 주제로 논의를 전개하는 과정에서는 왜 이토록 단순하고 불성실한 일반론에 머무는지 참으로 안타깝다. 아마도 그것은 이진우가 비판적 글쓰기, 혹은 전투적 글쓰기와의 대화를 자신의 실존을 담보한 대화의 과정으로 사유하지 않았다는 점에서 연유하는 것이 아닐까? 이진우가 감행한 비판의 상당 부분은 강준만의 주장을 성실하게 검토한다면, 강준만의 논리 자체로도 충분한 재반론이 가능하다는 점에 문제가 있는 것이다. 그렇다면, 이진우는 애초에 특정한 선입견을 가지고 전투적 자유주의자들의 글들을 접한 것 아닐까? 그것도 극히 일부만을.

결론적으로 말해서 나는 이진우가 과연 전투적 자유주의자들의 저작과 주장들을 충분히 섭렵하고 그 논리와의 치밀한 대화 과정을 거쳐서 비판적 논평을 작성했는지의 여부가 의심스럽다. 예상컨대 이진우는 자신의 글쓰기가 지닌 이러한 한계를 분명히 인식하고 있지 않을까? 이진우의 자기 성찰이 어떠한 방식으로 전개되는지 지켜보도록 하자.

3. 생산적 대화를 가로막는 익명의 수사학

『문학동네』의 2000년 봄호 좌담 「다시 문학이란 무엇인가」는 유력한 문예지의 편집진들이 참석하여 이제 과거의 그늘이 되어버린 90년대 문학을 총체적으로 점검하고 있다. 이 좌담은 90년대 우리 문학을 요령 있게 정리하면서, 새로운 문학적 진로에 대해서 성실하게 모색하고 있다. 그런데 그들의 대화 주제 중에서 '비평위기론'과 '메타비평과 논쟁' 부분은 비판적 글쓰기와 '비평에 대한 비평'과 연관된 대단히 민감한 비평적 쟁점과 사안에 대한 적극적인 의견을 제출하고 있다는 점에서 주목된다. 신수정·김미현·이광호·이성욱·황종연 등의 비평가들이 참석한 이 좌담은 특히 최근의 비평과 연관하여 "진정으로 비평적 대화를 가능하게 하는 것"(신수정), "비평 자체에 대한 반성적 사고"(황종연), "생산적 대화적 논쟁"(이광호)의 필요성을 시종일관 강조하고 있다. 그러나 이 좌담이 그들의 의도대로 생산적 대화의 물꼬를 성공적으로 트고 있는가 하는 점에 대해서는 회의적인 평가를 내릴 수밖에 없다. 이미 신예 비평가 이명원이 「좌담은 왜 하는가―『문학동네』 2000년 봄호 좌담 무엇이 문제인가?」(『반갑다 논장』, 2000년 3월호)를 통해서 이 좌담이 지닌 몇 가지 문제점에 대해서 제대로 지적했거니와, 그의 논리를 부연하면서 이 좌담의 한계에 대해서 짚어보기로 하겠다.

우선 무엇보다도 이 좌담이 생산적 대화에 걸맞는 대화의 형식을 취하지 못하고 있다는 점이 지적되어야 할 것 같다. 첨예한 비평적 논점에 대해서 대화하면서 구체적인 텍스트와 비평가의 논리를 전혀 언급하지 않은 채, 두루뭉실하게 전개되는 좌담의 전개 방식은 오히려 그들이 주창한 생산적인 비평적 대화의 결정적인 장애물로 작용하고 있다. 그러니, 몇몇 좌담의 참석자가 지속적으로 주장하는 텍스트에서 출발하기, 혹은 정교한 텍스트 읽기는 수사학적 장식에 불과한 셈이다. 정작 텍스트에 대한 구체적 담론과 성실한 검증이 절실히 필요한 첨예한 쟁점에 대한 논의과정에서도 텍스트에 대한 언급을 수행하지 않는 것을 어떻게 설명할 것인가?[5] 이러한 의미에서, 이들이 주장하는 텍스트의 중요성에 대한 강조도 그 자체로 순수하게 다가오지 않는다.

　가령 『무궁화 꽃이 피었습니다』를 쇼비니즘 입장에서 옹호하는 비평가가 있다고 치자. 이 경우, 그 작품에 대한 분석과는 별도로, 비평가의 세계관과 입장, 행태 등에 대해서 비판적으로 접근하는 글이 하나의 독자적인 논점을 형성할 수 있다. 그러한 평문에 대해서 왜 『무궁화꽃이 피었습니다』라는 텍스트를 치밀하게 분석하지 않느냐고 따지는 것이 과연 생산적인 대화정신에 입각한 적절한 문제제기일까? 그러한 문제제기는 때로 그 비판적인 메타비평을 폄하하기 위한 공공연한 책략에 해당될 수도 있다. 물론 텍스트에 대한 정교한 해석과 분석이 비평의 가장 중요한 영역 중의 하나라는 것을 부인할 비평가는 없을 것이다. 그러나 이와 별도로 비평가의 문학적 입장이나 행태 자체가 메타비평의 중요한 주제가 될 수 있다. 말하자면, 비평문 자체를 하나의 독자적인 텍스트로 볼 수 있는 것이다. 비평을 하나의 완결된 독자적인 텍스트로 간주하고 수행되는 메타비평문에, 작품에 대한 텍스트 비평을 요청하는 것은 어떤 의미에서는 편

---

5) 흥미로운 점은 이들이 작품이나 작가를 언급하는 경우에는 구체적인 실명을 사용한다는 사실이다. 그러니, 비평을 언급하면서, 실명 비판을 회피하는 것은 일종의 전략일 터이다. 표면적인 문맥상으로는 지극히 지당한(?) 일반적 주장을 통해 타자를 배척하기, 즉 일종의 '이미지 투쟁'의 전략을 그들은 채택하고 있는 것이다.

트가 어긋난 주문이다. 과연 『무궁화 꽃이 피었습니다』를 분석할 능력이 없어서 그 작품을 비평한 비평가에 대한 메타비평을 시도하는 것일까?

이러한 의미에서 볼 때, 메타비평을 이론적 비평으로 한정하는 황종연의 주장에 대한 이명원의 비판은 타당하다. 이명원은 '푸코와 로제-폴 드르와' 사이의 대담에 기대면서 다음과 같이 주장하고 있다.

> 황종연은 비평가의 도덕이나 행태를 문제삼는 것은 "비평하는 사람들에 대한 시비"라는 냉혹한 가치-존재론적 진단을 내리고 있다. 그런데 좋은 문학과 나쁜 문학에 대한 푸코의 가치-존재론은 문학 시스템을 포함한 제도-존재론의 성찰까지를 요구하고 있다. 이 제도 존재론의 범주에는 비평의 행태론이 포함되는 것은 물론이다. 그렇다면, 푸코는 문학이라는 가치-존재론에 다만 시비를 걸고 있는 걸까? 비평가의 윤리를 포함한 비평 형태론이 제기하는 것은, 제도 속의 주체이자 동시에 객체인 비평가의 존재론과 인식론에 대한 탐구이다. 텍스트의 미학적 질료만을 추출하여 논리화하는 것만이 이론비평은 아니다. 이 미학적 질료의 기반과 그것의 형성동인으로서의 발생적 구조, 유통, 소비 행태에 대한 탐구 역시 이론화의 한 형식이라는 점을 황종연 자신도 잘 알고 있지 않은가? 그건 그렇다 치고, 그 비평가에게 시비를 거는 사람은 구체적으로 누구일까? 실명을 밝히지 않았으니 참으로 궁금하다.[6]

이 논의에 보태 말하자면, 비평가에 대한 제대로 된 시비가 없었기 때문에 오히려 '비평의 위기'가 온 것이 아닐까. 그것이

---

6) 이명원, 「좌담은 왜 하는가—『문학동네』 2000년 봄호 좌담 무엇이 문제인가?」, 『반갑다 논장』, 2000년 3월호

타당한 문제의식을 담보하고 있다면, 특정한 비평가의 입장에 대해서 정당한 시비를 제기하는 것은 '침묵의 카르텔'을 고수하는 것보다 월등 생산적이며 대화적인 태도이다. 옳고 그름을 가린다는 사전적 의미를 지닌 '시비'가 왜 부정적인 비평적 태도로 인식되어야 하는지 참으로 궁금할 뿐이다. 비평가는 사전적 의미에 따르면 오히려 제대로 시비를 걸어야 하는 사람이다. 물론 논쟁의 문화에 익숙하지 않거나, 지리멸렬한 침묵의 카르텔에 연루되어 있는 입장에서는 활발한 비평적 논쟁이나 주류 비평에 대한 비판적 목소리들이 "비평계 전체를 진창으로 몰아넣는 결과를 초래"(이광호)한다고 비판할 수도 있으리라. 그러나 혼란, 위기, 진창, 시비 등의 감각적인 용어에 내포된 부정적 선입견을 걷어내고, 냉정하게 보자면 최근의 비평계는 일부 문제점에도 불구하고 전반적으로 오랜 세월 동안 묵시적으로 고수되어 왔던 침묵과 방조의 관행이 붕괴되어 가는 정당한 과정에 있다고 하겠다. 그 과정에서, 간혹 발견되는 몇몇 비평의 문제점들을 확대 해석하여, 문학적 권력의 장에 대한 치밀한 고려 없이, 메타비평이나 비판적 글쓰기의 폐해만을 앙상하게 적발하는 태도는 결코 대화적이지 않다. 나는 비판적 글쓰기와 메타비평의 한계와 문제점조차도, 비평계의 고질적인 관행이 급격하게 해체되는 과정에서 나타나는 과도기적 현상으로 이해해야할 부분이 있다고 본다.

그럼에도 불구하고, 필자의 비평을 포함하여 최근에 활발하게 전개되는 메타비평에 대한 냉정한 성찰과 대화적 비판이 절실하게 요구된다는 점에 대해서 나는 기꺼이 동의할 수 있다. 그리고 비판적인 글쓰기의 긍정적인 미덕과는 별도로 가령 반경환의 최근 비평에서 그 예를 찾아볼 수 있듯이, 몇몇 '비평에 대한 비평'이 그 치열한 비판정신에도 불구하고 비판의 설득력을 높이는 성실한 분석과 해석 및 합리적인 비판보다는 지나치게 비판의 당위성과 자기 주장을 늘어놓는 점에 대해서는 커다란 아쉬움을 느낀다. 그러나 황종연 식으로 어떤 구체적인 사례에 대한 예증과 분석 없이 메타비평 전반을 다른 비평가에 대한 신경질적 시비 걸기의 차원으로 격하시키는 것은 생산적인 대화와는 아무런 연관성이 없다. 나로서는 이런 식의 '뒤통수 때리기'보다는, 『문학동네』의 문제점에 대해서 비판적 문제제기를 시도한 김정란의 주장에 대해 구체적이며 성실한 반론을 제기하는 것이 신수정이 말했던 바 '진정한 대화'에 가깝다고 생각된다. 과연 무엇이 진정한 대화인가!

「다시 문학이란 무엇인가」라는 좌담을 시종일관 지배하는 분위기는 어떤 화기애애함이다. "서로에 대한 신뢰를 바탕으로 생산적인 대화 파트너 역할을 마다하지 않으셨는데요"(신수정)라는 식으로 서로에 대한 문학적 애정을 확인하는 부분이나 메타비평, 비평위기론을 비롯한 첨예한 쟁점에 대해서 이성욱을 제외하면 거의 유사한 관점을 내보이고 있다는 사실, 그리하여 "네분 모두 90년대 횡행했던 비평위기론에 동의할 수 없다는 입장을 보여주고 계신데요"(신수정)라는 식으로 서로의 동일한 입장을 내보이는 부분 등이 이 좌담의 분위기를 상징적으로 보여주고 있다. 그러다 보니, 이성욱이 간헐적으로 제기하고 있는 비판적 견해를 제외하면 나머지 참석자들의 대화는 본질적으로 동일자들 사이의 행복한(?) 교감, 혹은 무반성적인 자기동일성의 확인에 가깝다. 그러한 부분이 신수정의 표현에 의하면 "진정으로 비평적 대화를 가능하게 하는 것"일까? 나는 솔직히 그들에게 정말 열린 가슴으로 생산적인 대화와 제대로 된 논쟁을 진행하고자 하는 의도가 실제로 존재하는지 의심스럽다. 이러한 의미에서 "A가 어떤 사안을 비판하면 B가 맞장구 치는 식의 좌담은 좌담이라기보다는 집단화한 '독백'에 가깝다. 『탐구』에서의 가라타니 고진의 견해를 인용하자면, 진정한 '대화'란 언어게임을 공유하지 않는 행위자간의 생사를 건 도약이어야 한다(죽어라고 설득하고, 죽어라고 반박한다는 점에서)"는 이명원의 주장이 이번 좌담이 지닌 가장 핵심적인 문제점을 정확하게 지적하고 있다고 판단된다.

그들과 근원적으로 다른 견해를 가진 타자와의 치열한 대화적 논쟁이 거의 실종된 독백에 가까운 좌담이 의도하는 바는 무엇일까? 무엇보다도 그들의 문학적 입장이나 그들이 속해 있는 문예지의 입장을 둘러싸고 직·간접적인 논쟁을 수행한 타자들에 대한 교묘한 배척이 그 진정한 의도가 아닐까. 혹시 그들은 내심으로는 그 타자들의 견해를 정면으로 반박하고 싶지만, 그렇게 하면 그들의 논리를 오히려 키워준다고 생각하는 것이 아 닐까? 이와 연관하여, 나는 다음과 같은 김미현의 주장을 접하 면서 다시 문학적 권력의 문제를 착잡하게 생각해 본다.

시스템의 문제는 앞에서 논의된 권력비평의 문제와 맞물리는 부분인 것 같아요. 그러니까 문학을 둘러싼 시스템으로부터 배제되지나 않을까 하는 두려움 때문에 자기 검열을 한다는 건데요. 제가 보기에 이보다 더 심각한 90 년대 비평의 문제는 문학 매체가 많아짐으로써 어디 한군데에서는 자신의 얘 기를 받아준다는 거죠. 그래서 오히려 안이한 타협을 할 수 있고, 아무 말이 나 할 수 있고, 아무 작품이나 논할 수 있는 근거가 되었던 것은 아닌가 하 는 것입니다.[7] (강조—인용자)

아무런 문학적 개성과 정체성이 없는 무수한 문학지들의 발간 이 우리 문학의 진정한 풍요로움과는 거의 연관성이 없다는 사 실에 나는 십분 동의한다. 그러나 김미현의 주장은 비평지면을 둘러싼 권력의 역학관계를 몰각한 차원에서 전개되는 폭력적인 발언이 아닐까? 예컨대 유력한 문예지인 A잡지에 수록된 작품이 나 비평, A잡지의 문학적 입장에 대해서 정면으로 비판하는 평문 을 A잡지에서 어느 정도 수용할 수 있을까? 대부분의 경우, A잡 지는 그 잡지의 정체성과 에콜 정신을 훼손하지 않는 한도 내에 서만 제한된 반론만을 허용할 뿐이다. 그렇다면, 그 평문은 A잡 지와 경쟁관계에 있는 다른 유력한 문예지 B·C·D·E 등에 수 록될 수 있을까? 묘하게도, 아니 이미 공공연하게 알려진 대로,

---

7) 좌담, 「다시 문학이란 무엇인가」, 『문학동네』, 2000년 봄호, 425면.

대부분의 유력한 문예지들은 서로에 대한 비판을 금기시한다. 왜
냐하면, 권력 분점의 묵계가 깨지는 경우, 상호간의 치열한 논쟁
을 통해 각 잡지의 입지와 기득권, 자기 정체성이 근본적으로 위
협받을 수 있기 때문이다. 그래서 결국 A잡지의 문학적 입장이나
A잡지에 발표된 작품을 근원적으로 비판하는 글을 발표하고자
하는 비평가는 자신의 글을 수록해줄 수 있는 새로운 문예지를
구하기 위한 지난한 과정을 거쳐야 하는 것이다. 그것 마저 힘들
다면,『비평과전망』이나『애지』동인들처럼 자신들의 주장을 담
보할 수 있는 새로운 매체를 창간할 수밖에 없을 것이다(그러니,
문학 매체의 다양화 과정은 한편으로는 문예지의 불건강한 증식 현상으로
파악될 수도 있지만, 또 다른 한편으로는 폐쇄적인 기존 문예지의 장벽을 돌
파하려는 '민주주의적 분산화'의 과정일 수도 있다. 이 후자의 과정은 비판
적 글쓰기의 재생산 기반을 위해서 대단히 중요한 토대이다). 바로 이러한
고투의 과정을 통한 비평 쓰기가 김미현에게는 "안이한 타협"이
나 "아무 말"로 보이는지 모르겠지만, 내가 보기에 몇몇 신예비
평가들이나 아웃사이더 비평가들이 마주칠 수밖에 없는 발표 지
면 확보 문제는 '자신의 모든 자존심을 건 게임이자 절박한 선택'
일 수도 있다.[8] 문예지와 비평계의 권력적 역학관계에 대한 섬세
한 자기 성찰 없이 이루어지는 김미현의 자기 중심적 발언은 결
과적으로 이른바 유력한 문예지들간의 배타적인 권력 분점을 자

---

8) 생각보다 발표 지면의 문제는 각 비평가의 태도와 입장에 커다란 영향력을
미치고 있다. 이러한 문제에 대한 그야말로 열린 대화가 필요하지 않을까. 이
문제를 미루어 두고 비평의 공정성과 권력을 제대로 얘기할 수 있을까.

연스럽게 정당화시키고 있다. 이러한 발언은 이른바 주류 문학잡지인 『세계의문학』의 편집위원으로 활동하고 있는 김미현의 오만과 편견을 교묘하게 드러내고 있는 것이 아닌가? 나는 김미현에게 무엇보다도 이러한 질문을 던지고 싶다. 과연 당신은 자신이 편집위원으로 있는 『세계의문학』의 문학적 정체성이나 민음사에서 출간된 작품을 근원적으로 비판하는 비평문을 기꺼이 『세계의문학』에 수록해 줄 수 있는가?

나는 좌담의 참석자들이 90년대에 들어와서, 그 나름대로 정력적이며 인상적인 비평 활동을 펼친 사실을 뚜렷이 기억하고 있다. 바로 그렇기 때문에 그들의 비평적 대화가, '자신의 실존과 타자의 입장이 처절히 만나서 자기동일성의 해체까지도 기꺼이 감행하는' 성실한 자기 모색의 아름다운 풍경이 되기를 기대했었다. 이제 그 기대를 접어야 할 것인가? 나는 여전히 그들의 성실한 비평이 나에게 커다란 자극으로 다가오기를 기대하고 있는데. 나는 그래도 그들을 기다린다. 생산적 대화의 파트너로

4. 다시 생산적인 대화를 위하여

아마도 90년대의 비평문단에서 가장 빈번하게 언급되었던 용어 중의 하나가 '생산적 대화', '대화적 지성', '타자와의 만남'

과 같은 표현일 것이다. 그러나, 그러한 표현을 사용하는 것은 쉽지만, 그 표현의 의미를 진정으로 실천하는 것은 참으로 어려운 것이 아닐까. 이진우의 전투적 자유주의자 비판이나 「다시 문학이란 무엇인가」라는 좌담은 '생산적 대화' 혹은 진정한 대화적 지성이라는 덕목이 얼마나 어려운 경지라는 것을 새삼 뚜렷하게 보여주고 있다. 그러나 그렇다고 해서, 그 생산적 대화가 쉽게 포기될 수는 없을 것이다. 논쟁 허무주의나 논쟁에 대한 냉소주의야말로 우리 비평계와 지성계의 가장 고질적인 관행이다. 일단 열린 태도로 서로의 입장에 대한 치열한 대화를 전개하는 것, 그리하여 자신과 타자의 차이를 치열하고도 섬세하게 느껴 가는 과정, 바로 그 과정이 생산적 대화를 위한 첫 걸음일 것이다. 자기 동일성의 근원적인 재구성을 동반하는 생산적 대화, 하나의 입장과 또 하나의 입장이 부딪쳐서 형성되는 아름다운 논쟁의 성숙을 우리는 언제쯤 볼 수 있는 것일까. 치열하기에 아름다운 논쟁, 자기 성찰적이기에 성실한 대화, 타자의 비평에서 이러한 덕목을 발견하고자 하는 열망이 없다면 우리는 굳이 비평을 할 필요가 없으리라. 비평의 가장 중요한 기능 중의 하나는 타자의 미덕을 통해, 자신을 성숙시켜 가는 과정이기 때문이다.

그러한 아름다운 타자를 만나기 위해서라도 내 자신을 한껏 열어 놓아야겠다.

(『한국문학평론』, 2000년 봄호)

제6장
비판, 그리고 '성찰'의 현상학

1. 왜 성찰이 문제인가?

이제 '성찰'에 대해서 말해야 되지 않겠는가. 나는 이 글에서 최근 비평문화를 대상으로 '성찰(省察)'에 대해서 얘기하려 한다. 국어사전에 따르면 성찰은 '자기의 마음을 반성하여 살핌'이라는 의미를 지니고 있다. 다른 모든 분야도 마찬가지겠지만, 특히나 '비판'이라는 지적 행위를 글쓰기의 기본 동력으로 활용하는 비평은 자기 성찰과 자기 비판이 세심하게 동반되어야 한다. 투명하고 지혜로운 성찰이 동반되지 않은 비평은 때로 타인에 대한 폭력적인 비판이나 천박한 나르시시즘, 자기동일성에 대한 일방적 옹호로 귀결되기 마련이다. 그러므로 명백하게도 비판과 성찰은 동전의 양면과 같은 관계이다. 여기서 비평이라는 장르 자체가 반성적이며 메타적인 속성을 지니고 있다는 사실을 반복할 필요는 없을 것이다.

최재서나 김환태의 경우를 통해서 확인할 수 있듯이, "근원적인 '자기 비판'이 결여된 비평 정신은 그 주체가 의식하지 못하는 사이에 지배 이데올로기에 이용될 수 있다"[1]는 근대비평사의 교훈은 비평가에게 자기 성찰이 지닌 중대한 의미를 여실히 보여주고 있다. 최근에 『성찰적 근대성과 페미니즘』(도서출판 또 하나의 문화, 1998)이라는 저서를 출간한 조혜정이나 김성기 같은 국내논자들은 물론이거니와, 앤소니 기든스나 울리히 백, 스콧 래쉬 등이 명명한 '성찰적 근대화(Reflexive Modernization)'[2]나 피에르 부르디외의 '성찰적 분석' 등의 개념을 보더라도 지금 성찰은 일시적으로 유행하는 비평적 화두가 아니라, 문명사적인 문제의식을 함축한 중요한 테마라고 말할 수 있으리라. 기든스에 의하면 '성찰'은 다름 아닌 근대성의 가장 큰 특징이자 인간행위의 가장 주목할만한 특징이라고 한다.[3] 이러한 사실은 근대계몽주의나 서구문명사가, 성찰이 배제된 주체의 자기동일성을 도구적으로 완성해 가는 과정이라는 사실에 대한 냉철한 반성과 맥락

---

1) 권성우, 『모더니티와 타자의 현상학』, 솔, 1999, 185면.
2) 앤소니 기든스 · 울리히 백 · 스콧 래시, 임현진 · 정일준 역, 『성찰적 근대화』, 한울, 1998.
3) 기든스의 이론에 대해서는 조흡의 「21세기 사회학의 비젼을 제시한 앤서니 기든스」(『인물과사상』 10호, 개마고원, 1999)에 요령 있게 정리되어 있다.

을 같이 한다. 말하자면, 성찰은 맹목적인 근대성이 빠지기 마련인 '도구적 합리성'에 대한 자기 비판적 성격을 지니고 있는 것이며, 성찰이나 자기 비판, 자기 부정 자체가 근대성에 이미 내재되어 있다고 볼 수 있는 것이다. 근대(현대)에 대한 성찰이 성찰적 근대성을 낳았다. 그렇다면, 비판(비평)에 대한 성찰은 무엇을 낳을까?

지금 이 시대의 비평문화에서 가장 절실하게 요구되는 덕목은 그 무엇보다도 '자기 성찰'이 아닐까 생각될 정도로 성찰에 관한 사유는 긴요하다. 물론 최근 우리의 비평문화에서, 성찰과 반성을 진지하게 수행하자는 언급이나 남다른 투철한 자기 반성을 보여준 비평들이 없었던 것은 아니다. 오히려 성찰과 반성에 대한 담론은 무성했다고 하는 편이 옳을 것이다. 그러나 자신의 주장이 담보하고 있는 근본적 토대마저도 성찰의 대상으로 삼는 진정한 의미의 성찰은 결코 흔하지 않았던 것이 아닐까. 성찰이라는 용어를 사용하는 것은 쉬울지라도, 자신의 마음속에 도사린 검은 심연을 투명하게 응시하는 진솔한 성찰은 참으로 지난한 일이리라(물론 이 명제는 지금 성찰이라는 표현을 사용하는 나 자신에게도 해당된다). 그리하여, 성찰이라는 단어를 발음하는 바로 그 순간부터 성찰은 자동화되기도 한다. 때로 자기 성찰이나 자기 반성은 타자에 대한 비판을 더욱 효과적으로 전개하기 위한 전략으로 기능하기도 하며,[4] 자신의 정당성을 입증하기 위한 담론의 방패막이로 활용되기도 한다. 요컨대, '타자성'의 막막한 회랑을 온몸으로 통과한 연후에 이루어지는, 그리하여 자기동일성의 근원적인 전환과 해체를 동반하는 자기 성찰보다는, 결과적으로 자기동일성을 강화해주는 안이한 자기 성찰이 부유한다고 볼 수 있지 않을까. 그러니, 우리는 자기 성찰, 자기 비판마저도 전략적으로 이용될 수 있다는 비평담론의 교묘한 성격을 인식해야 할 것이다. 한때 유행했던 '나부터 반성하자'는 식의 논의가 정작 해결해야할 중대한 문제의식을 희석하는 수단으로도 작용했다는 사실을 우리는 분명히 인지하고 있지 않은가?

이러한 성찰의 한계에도 불구하고, 우리의 비판문화와 논쟁문화, 지식인문화를 고려해볼 때, 여전히 성찰은 절실히 요구되는 중요한 덕목이 아닐 수 없다. 문제는 성찰의 성격이 아닐까?. 자기동일성의 근원적인 해체를 동반하는 성찰, 자신의 논리가 지닌 편향성을 마음 속 깊은 곳으로부터 깨닫게 되는 성찰, 마치 죽비에 머리를 맞은 듯 섬광처럼 찾아오는 자신에 대한 회한과 각성, 바로 이러한 성찰들이 이 시대에 요구되는 진정한 성찰이 아닐는지. 최근 발간된 어느 산문집의 제목처럼 '아름다운 성찰'이란 자신의 존재 근거까지도 근원적으로·전복적으로 부정해보는 성찰이리라. 우리는 바로 그러한 아름다운 성찰이 보

---

4) 임화가 「사실주의의 재인식」(1937)에서 자신이 과거에 주창했던 낭만주의론에 대해서 자기 비판하는 과정을 통해, 진정한 사실주의 문학에 미달되는 주관주의와 파행적 사실주의를 비판하는 장면이 이에 해당된다. 임화는 자기 비판 이후에, 타자에 대한 냉철하고도 예리한 비판을 펼쳐나가기 시작한다.

고 싶은 것이다.

나로 하여금, 성찰이라는 주제로 이끈 모티프는 이른바 '비판적 글쓰기', 혹은 '전투적 글쓰기'를 진행하는 강준만·김영민·진중권·김정란 등의 글쓰기와 최근 일 이년 동안 진행되었던 몇 가지 첨예한 비평논쟁들의 전개과정이었다. 그 명칭이 적합한가 하는 질문은 별도로, 이른바 '전투적 논객'들이 치열하게 전개해온 비판적 글쓰기가 연고주의와 패거리주의, 논문중심주의 등으로 무장되어 있는 우리 지식인사회에 참으로 의미 깊은 경종을 울렸다는 사실은 기꺼이 인정될 수 있을 것이다. 그렇지만 그들의 논리에 대한 반응은 대단히 극단적인 편차를 지니고 있어서, 이에 대한 열린 대화와 분석적 성찰이 시급하게 요청된다고 생각된다. 비판적 글쓰기에 대한 냉소적인 반응이나 저널리즘적 확대해석을 극복하고, 그 논의들을 비판적 문화와 논쟁적 대화가 활성화될 수 있는 소중한 계기로 삼아야하지 않을까 싶다. 굳이 말하자면 나는 그들의 논리를 '비판적으로' 지지한다.

내가 그들의 글쓰기를 통해서 제기하고 싶은 테마는 비판과 성찰의 관계이다. 가령, 그들의 글쓰기에서 보여주고 있는 자기 성찰과 자기 비판의 진정성 여부에 따라, 그들이 개진하는 논리의 설득력은 커다란 편차를 보이고 있다는 점은 참으로 의미심장한 사실이다. 또한 한 비평가나 문학적 에콜이 지닌 성찰의 태도가, 그 비평가나 에콜의 자기동일성에 대한 근원적인 문제제기를 내포한 논쟁의 과정에서 가장 적나라하게 드러난다는 점도 주목할만한 사실이라고 하겠다. 이러한 점들은 '성찰의 현상학'이라 이름 붙일 수 있는 흥미로운 테마이다.

이 평문은, 이러한 문제의식에 따라서 두 가지 테마에 대해서 논의하려 한다. 우선 첫 번째로는 강준만과 김정란의 최근, 글쓰기를 통해, 비판과 성찰과의 관계를 검토하게 될 것이다. 두 번째로는 우리 시대의 비평적 에콜 중에서 성찰과 반성에 대한 담론을 가장 적극적으로 개진하고 있다고 생각되는 『문학과사회』 편집동인들이 보여주고 있는 최근의 몇몇 비평적 논쟁에 대한 태도를 통해, 성찰과 문학적 권력의 관계에 대해서 검토하게 될 것이다. 이 두 번째 테마는 성찰과 자기 비판에 대한 탐색이 단지 한 개인의 층위에서만 얘기될 수 없다는 문제의식에서 비롯된다.[5]

2. 강준만─성찰의 방법론

최근에 문화인들이 모인 술자리에 나간 적이 거의 없었다. 그런데 내가 귀동냥으로 들은 얘기는, 최근의 술자리에서 항상 빠

---

5) 한 개인 차원에서 전개되는 자기 성찰과 자기 반성의 풍경과, 에콜이나 집단 차원에서 전개되는 자기 성찰과 자기 부정의 풍경에는 어떤 구조적인 차이점이 발견되는 것으로 보인다. 이 점에 대한 구체적인 탐색은 앞으로 필자의 연구과제이다.

지지 않는 안주가 강준만과 김정란이라고 한다. '그 술자리의 열정과 냉소가 생산적인 글쓰기로 전화된다면, 얼마나 좋을까?'라는 생각을 하지 않을 수 없다. 이른바 전투적 논객과 비판적 글쓰기는 뚜렷하게 증가하고 있지만, 그 전투적 논객과 비판적 글쓰기에 대한 생산적 대화나 진지한 비판은 참으로 드문 편이다. 이 글이 씌어지는 이유는 바로 강준만과 김정란이 제기한 문제들에 대한 공적인 차원의 토론과 논쟁, 대화가 절실하게 필요하다고 판단되었기 때문이다. 이러한 의미에서 나는 "90년대 지식인이라면 들뢰즈나 부르디외를 논하기 전에 강준만을 먼저 논해야 한다"는 김성기의 지적에 십분 공감한다. 강준만이 개척한 논리의 성취와 한계는 토론과 대화를 통해서 더욱 정밀하게 인식될 수 있는 것이지, 술자리의 냉소적인 어투로 정리될 수 있는 것은 아닐 터이다. 바로 이러한 분위기 때문에, "강준만이 우리를 향해 던지는 이 제안과 문제 제기 앞에서 한치도 자유로울 수 없다면, 그의 작업을 향해 던지는 모든 냉소와 비판은 위선과 자기 기만에 불과한 것이다"[6]라는 주장까지 등장하고 있는 것이다. 만약 강준만이나 김정란 등의 글에 간과할 수 없는 한계와 약점이 있다고 치자. 과연 그것들은 어떻게 극복될 수 있을까. 무엇보다도 타자의 열린 비판이 그들에게 생산적 자극을 제공하게 될 것이다. 그러한 과정을 통해 강준만과 김정란은

---

6) 한수영, 「전사, 강준만의 일인 유격전」, 『당대비평』, 1999년 여름호, 402면.

자신의 글쓰기에 대해서 근원적으로 성찰하게 되는 소중한 계기를 갖게 되지 않을까. 그 계기는 그들의 글쓰기를 한결 성숙하고 의미 깊게 만들 수 있을 것이다. 이러한 것이 토론과 대화를 통한 문화적 성숙이 아니겠는가?[7] 바로 이러한 기대 때문에 이 글을 쓴다.

강준만의 단행본 『인물과사상』과 월간 『인물과사상』을 지속적으로 읽으면서 생각한 사실은, 그에게 성찰과 비판은 자연스럽게 하나의 몸을 구성하고 있다는 사실이다. 그가 누구보다도 비판적 글쓰기를 꾸준하게 전개해왔다는 사실과 "성찰적 근대화란 자기의식을 갖춘 개인이나 집단이 자신과 자기사회에 대해 지식을 비판적으로 적용시키는 능력이 점차 늘어나는 것을 의미한다"[8]는 사실에 비추어보면, 강준만에게 있어서 비판과 성찰이 서로 한 몸을 이루고 있다는 점은 지극히 자연스럽다. 그리하여, "지식인으로서 제 비판의 생명은 끊임없는 자기 성찰과 겸손입니다"라는 전언은 강준만의 가장 기본적인 담론의 전략으로 작용하고 있다. 물론 이러한 성찰의 표정도 자기 논리의 설득력을 높이기 위한 중요한 전략의 일종일 수 있다. 그러나 나는 전반적으로 강준만의 성찰을 순수하게 받아들이고자 한다. 아울러, 강준만의 이러한 자기 성찰의 태도가 그의 글에 설득력

---

7) 이러한 의미에서, 강준만·김종엽, 「한국 언론의 등에, 강준만과의 인터뷰」 (『리뷰』, 1998년 가을호)는 강준만의 비판적 글쓰기에 대한 가장 정교하고 의미 깊은 대화로 주목되어야 할 것이다.
8) 앤터니 기든스, 울리히 벡, 스콧 래쉬, 앞의 책, 12면.

을 높인 가장 중요한 요인이라고 할 수 있을 것이다. 강준만은 치열한 비판의식 못지 않게, 비판적 담론의 효과적인 구사 방식을 본능적으로 체득하고 있는 천부적인 논객이다. 어찌되었든, 강준만의 자기 성찰이 지니는 의미와 그 한계를 짚어보는 작업은, 강준만이 주장하는 내용 자체에 대한 논의 못지 않게 중요한 작업이라고 하겠다.

나는 이 글에서 지난달에 발간된 『인물과사상』 7월호에 수록된 강준만의 「강준만의 오만과 편견」을 통해 강준만이 전개하는 비판과 자기 성찰의 관계에 대해서 논의해보고자 한다. 일단 「강준만의 오만과 편견」은 그가 수행한 자기 성찰과 자기 비판의 담론 중에서 가장 근원적인 문제의식을 담고 있다는 점에서 주목된다. 그는 "조선일보 제 몫 찾아주기 운동"을 포기한다면서 "나는 무엇을 오버했던가? 나는 심각한 정체성의 위기를 겪고 있다. 나는 지식인인가, 운동가인가? 나는 그 어느 것도 아니다. 두 가지 역할을 다 하겠다곤 하지만 그 어느 것도 제대로 하질 못하고 있다는 말이다. 아니 제대로 하지 못하는 정도가 아니다. 나는 두 역할에 양다리를 걸치고 있기 때문에 지식인으로서 오버하는 동시에 운동가로서도 오버하고 있다", "나의 모든 행위를 상업주의적 전략으로만 보는 사람들의 생각도 무리는 아니라는 생각이 들기까지 했다……. 바로 나야말로 결과적으로 위선과 기만을 저지르고 있는 게 아닌가 하는 생각까지 하게 되었다", "나는 그간 내가 내뱉은 말을 집어삼키기로 했다.

나의 모자람을 인정하며 나의 변신 또는 변절에 대해선 그 어떤 비난도 감수하겠다"고 말하고 있다. 성찰에 대한 고민을 한번이라도 제대로 해본 사람이라면, 이러한 자기 성찰이, 누구나 생각하는 것처럼 쉽게 수행할 수 없는 경지라는 사실을 인정하게 될 것이다. 이와 연관하여, 나는 강준만의 글에서 '자기 성찰이 빠진다면, 과연 그 글의 설득력이 얼마나 있을까?'라는 생각을 해보지 않을 수 없다. 그러나 이러한 성찰마저도 고도의 전략으로 보는 시각도 있을 수 있음을 인정하자. 사실 강준만의 성찰은 분명히 이러한 오해와 혐의를 살 구석이 있다. 일단 최근의 강준만의 운동 포기선언과 연관된 논란[9]이 과연 단지 언론의 강준만의 전략에 대한 몰이해에서 연유하는 것일까? 나로서는 그렇지 않다고 본다. 그간 강준만의 전반적인 글쓰기를 선정주의의 입장에서 비판하는 경우가 많았다. 나는 물론 이러한 단순한 비판에는 동의하지 않는다. 글의 내용이 타당하다면, 선정주의의 문제는 좀더 복합적인 차원에서 논의되어야 한다. 그러나 강준만은 때로 치밀한 논리와 성실한 해명이 필요한 상황에서, 선정적인 방식으로 자신의 입장을 전파하는 경우가 있었던 것이 아닐까. 「강준만의 오만과 편견」에서 바로 그러한 편향이 발견되는 것 아닐까? 나는 정말 강준만에 대해서 특별한 애정을 가지고 『인물과사상』의 행간까지도 세심하게 읽는 사람이 아니

---

9) 「'1인 전사' 강준만이 고개 숙인 까닭」, 『뉴스플러스』, 1999.7.8.

라면, 「앞으론 관중석에만 머무르겠다」, 「'조선일보 제 몫 찾아주기 운동'을 포기한다」는 고딕체 제목들이 선정적으로 다가오리라는 점을 강준만이 인정해야 된다고 생각한다. 적어도 한 잡지의 입장과 전술에 중대한 변화를 가져오는 논리에 대해서는 좀더 세심하고 냉철한 논리로 그 변화의 필연성에 대해서 논해야 하지 않았을까 싶다. 이러한 점을 의식했는지 『인물과사상』 8월호에서 강준만은 "언론이 내 뜻을 오해한 데에는 내 책임도 있는 것 같다. 글의 내용이야 어찌됐던 분위기상 내 글쓰기가 엄청나게 달라지기라도 할 것처럼 내가 호들갑을 떤 점이 있지 않았는가 하는 생각이 들었다"고 언급하고 있다.

강준만이 보여주고 있는 자기 성찰의 풍경이 그의 비판적 글쓰기의 신뢰감을 높이는 중요한 요소라는 기본적인 사실을 인정하면서, 다음과 같은 문제제기를 하는 것은 어떨까? 강준만의 솔직하고 시원시원한 자기 반성을 접할 때마다 나는 이런 생각이 든다. 즉 끊임없이 문제제기하고, 거기에 문제가 생기면 끊임없이 사죄와 자기 비판을 거듭하는 강준만의 최근 행보를 '성찰'이라는 용어로 무조건 긍정적으로 볼 수 있는가 하는 문제의식이다. 나는 좀더 냉철하고 주도면밀한 비판을 통해서 자기 비판과 사죄의 횟수를 줄이는 것이, 실제로 강준만의 성찰과 사유의 내공이 깊어지고 있다는 것을 의미하게 될 것이라고 생각한다. 성찰은 참으로 중요한 미덕이지만, 완전치 못한 비판을 남발하면서 거기에 대한 자기 성찰을 계속 보여주고 있다는 점은,

성찰에 관한 사유가 진전하지 못하고 있다는 사실의 또 다른 표현일 수 있지 않을까? 이러한 의미에서, 아무런 진전 없는 비판과 성찰의 반복은 끊임없이 지식사회에 선정적인 볼거리를 제공하는 역할 이상을 수행할 수 없게 될 수도 있다. 바로 이러한 이유 때문에, 강준만의 진의를 곡해한 상당수의 논자들이 그를 상업주의적 맥락에서 바라보는 것이 아닌가? 나는 강준만이 곧바로 자기 비판을 하게 될 수도 있을 비판의 횟수를 조금 줄이면서, 비판의 냉철함과 객관성을 더욱 엄밀하게 확보해 나가기를 바란다. 바로 그러한 진전된 비판을 통해서, 독자들은 강준만의 지혜롭게 내면화된 성찰의 표정을 읽을 것이다. 강준만 특유의 열정과 뜨거운 분노를 간직하면서도 정교함과 세심함에 의해 뒷받침된 내면화된 성찰을 그에게 기대한다면, 그것은 너무나 커다란 바램일까?

결론적으로 말해서 성찰의 반복보다는, 비판의 정교화를 통한 성찰의 내면화가 강준만에게 진정으로 필요한 미덕이 아니겠는가? 강준만에게, 훌륭한 비판 자체에 자연스럽게 스며들어가 있는 진지한 성찰의 표정을 기대해 보자. 바로 이러한 경지를 비판과 성찰이 진정으로 한 몸을 구성하는 상태라고 표현할 수 있지 않겠는가.

3. 김정란과 자기 확신, 그리고 나르시시즘

김정란의 글들을 읽으면, 김정란이 자신의 글에 대해서 지니고 있는 뚜렷한 확신과 자부심이 느껴진다. 그 확신은 필경 자신의 글쓰기가 분명 옳다는 자신감에서 비롯되었을 텐데, 그 자신감과 확신이 때로는 그녀로 하여금 문단에 횡행하는 공공연한 문제점에 대해서 용기 있게 지적하는 불굴의 의지로 표출되기도 하고, 때로는 그녀의 글쓰기가 지닌 공감대를 훼손하는 원인으로 작용하기도 한다. 이 점은 단순한 양비론을 의미하는 것이 아니다. 나는 기본적으로 김정란에 대한 세간의 평가, 즉 "유명해지기 위한 몸부림으로 성취를 이룬 사람들만 골라 씹었다"는 지적이나 "보들레르와 랭보를 읊조리던 탐미주의적 불문학도가 어느날 갑자기 인혁당 사건과 5월 광주를 외치는 '뜬금 없음'"[10] 같은 표현에 동의하지 않는다. 유명한 문인을 비판했다는 것 자체가 비판의 대상일 수는 없을 것이며, 김정란의 문학적 입장이 급격하게 변모했다는 것 자체가 비난의 소지가 될 수는 없을 것이다. 유명한 문인을 제대로 비판하는 것은 오히려 군소 문인(?)들을 비판하는 것보다 월등 의미 있는 작업이며, 보기에 따라서는, 문학적 입장의 급격한 변모가 자신의 입장에 대한 근원적인 갱신이나 존재론적 비약의 결과로 해석될 수도 있

---

10) 「유명한 여자로 살기−유명한 게 죄 "여자는 서럽다"」, 『뉴스플러스』, 1999.8.5.

다. 그러므로 정작 절실하게 필요한 작업은, 김정란의 비판적 글쓰기가 얼마나 논리적이며 공감을 획득하고 있는가에 대한 '열린 대화'일 것이다. 이러한 의미에서 김정란의 「조선일보를 위한 문학」에 대한 논평이라고 할 수 있는 「고종석의 '책과 세상'①-두 권의 책에 대한 메모」(『인물과사상』 11호)는 소중한 에세이라고 하지 않을 수 없다. 고종석은 원론적인 입장에서 김정란의 문제제기에 동의한다고 밝히면서, 각론적인 차원에서 동의할 수 없는 부분에 대해서 그 특유의 설득력 있는 논조로 비판하고 있다. 나로서는 대체로 고종석의 견해에 동의한다.

내가 김정란의 글들을 읽으며 느꼈던 아쉬움과 의문이 고종석의 글을 통해서 상당 부분 해소되었으므로, 이제 고종석의 글에서 미처 언급되지 못한 사항에 대해서 얘기해 보기로 하자. 그것은 한마디로 말하면 글의 보편적인 설득력과 공감대 확보에 관한 기술이 김정란에게 결여되어 있다는 것이다. 내가 보기에, 이것은 대단히 중요한 문제이다. 똑같이 옳은 발언을 하더라도, 그 발언하는 방식이나 전략에 따라 공감대 확보 여부가 천차만별일 수 있지 않을까. 김정란이 제기하는 몇몇 문제들, 즉 공정치 못한 문단 권력이나 특정 언론과 출판사의 관계 등의 문제는 누구도 회피하기 힘든 중대한 문제제기임에 분명하다. 문제는 그러한 소중한 발언이 김정란과 비슷한 문제의식을 지닌 사람들에게도 부담스럽게 다가오는 이유가 무엇인가 하는 점이다. 나는 한 마디로 말해서, 김정란이 구사하는 담론의 방식에 문제가 있다고 생각한다.

예컨대 그녀는 「조선일보를 위한 문학」에서, 비판의 당사자에게 치명적인 상처가 될 수 있는 신랄한 표현과 야유조의 조롱을 거침없이 사용하고 있다. "부드럽고 멍청한 애첩", "백년하청의 천박한 돌쇠" 등의 표현은 애교로 친다 하더라도 다음과 같은 표현에 대해서 비판의 대상이 된 당사자들이 과연 어떻게 생각할까.

> 연예인과 문인이 어떻게 달라야 하는지도 구별하지 못하는 작가들. 철학은 고사하고 최소한의 자존심도 없는 사람들. 약간의 손재주와 감상을 가지고 대중에게 아부하는 자들. 저들이 내 동료란 말인가?
> 『조선일보』가 선택해서 대중 앞에 스타로 내세운 작가들은 농촌형과 도시형 두 부류로 나누어진다. 그런데 농촌형이든 도시형이든 공통점이 있다. 칼칼하고 똑똑한 작가는 눈에 띄지 않는다. 한결같이 들척지근하고 느끼하고 멍청하다. 실험의식도 없다. 그들이 쓴 산문들을 읽어보면, 이렇게 무지한 사람들을 가리켜 어떻게 한 시대를 대표하는 작가들이라고 말하는 것일까 싶을 정도로 철학도 논리도 없고 엉성하기 이를 데 없다. 소설이나 시안에서는 언어적 장식으로 감추어져 있던 인식수준이 산문 안에서는 대번에 드러난다. 도대체 생각이라는 걸 도무지 안 하고 사는 사람들 같다.

우선 위의 지적들이 그 표현의 신랄함이 응당 갖추어야할 논의의 구체성과 검증 과정을 생략하고 있다는 점을 지적하도록 하자. 그리고 두 번째, 비판이 궁극적으로 타자와의 대화의 일종이며, 타자의 논리가 지닌 한계와 모순을 지적하는 방식을 통해 타자에게 자기 성찰과 자기 갱신의 기회를 제공하는 것이라면, 김정란의 이 회심의 비판은 결코 성공할 수 없을 것이다. 비판의 대상이 된 당사자들이 위의 비판을 접한 후에, 김정란의 문제의식에 일면 공감하면서 자신의 문학세계와 행위에 대한 진지한 자기 성찰을 시도하게 될까? 아니면, 김정란에 대한 노여움에 몸을 부들부들 떨면서, 김정란의 글이 지닌 최소한의 긍정적 맥락조차 냉소적으로 무시해 버리게 될까? 나는 후자의 가능성이 훨씬 높다고 생각한다. 물론 김정란의 입장에서는, '당사자가 내 비판에 대해서 어떻게 생각하느냐, 혹은 독자들이 내 글에 얼마나 공감하느냐는 중요하지 않다. 나로서는 소신 있는 비판 자체가 중요할 뿐이다'라고 말할 수 있으리라. 그러나 비평이라는 사회적 행위 역시 자신의 관점이 지닌 정당성을 다양한 담론의 전략과 기술을 통해서 옹호하고 전파하는, 인정투쟁의 맥락 속에서 자유롭지 않다고 보아야 하지 않을까? 바로 이러한 이유 때문에, 관점에 따라서는 김정란의 비판을, 비평이 아니라 주관적인 비난에 가깝다고 볼 수도 있을 것이다.

내가 최근 몇몇 비평논쟁을 지켜보면서 절실히 느낀 점이 있다면, 자기 성찰이 동반되지 않은 공격적인 비판은 결국에는 그 비판의 주체에게 부메랑처럼 그대로 돌아온다는 사실이다. 이러한 의미에서 김정란의 평문은 그 신랄하고 화끈한 공격적 담론에 값하는 자기 성찰이 결여되어 있는 것 아닐까? 예를 들어, 김정란은 『월간조선』 최보식 기자의 문인 인터뷰를 비판하면서 다음과 같이 언급하고 있다.

나는 즉각 『경향신문』 「정동 칼럼」에서 "문학을 우습게 보지 말라"는 논지로 그 인터뷰 기사를 반박했다. 그러나 결과는 우스꽝스러운 것이었다. 인터뷰에 끌려나갔던 문인들 중 나에게 그 칼럼에 대해 한마디라도 언급해준 이는 단 한 사람도 없었다. 오히려 내가 문학적으로 문제가 있다고 생각했던 어떤 여성 시인의 가족으로부터 협박성 전화를 받았고, 그 여성 시인이 인신공격에 가까운 글을 어떤 문학지에 게재하는 반응을 보였을 뿐이다. 들리는 말로는 그 인터뷰에 응했던 어떤 작가들은 오히려 나의 글에 대해 못마땅해 하는 반응을 보였다고 한다.

위의 표현에는, '나는 그 엉뚱한 인터뷰에 맞서, 당신들을 도와주려고 했는데, 왜 내 선의를 몰라주는 것이냐'라는 차원의 의미가 담겨 있다. 바로 여기에서 문제가 발생하지 않았을까? 나로서는 김정란이 '인터뷰에 응한 작가들이 왜 나의 칼럼에 대해서 못마땅해 했던 것일까?'라는 성찰을 전개해야 된다고 생각한다. 칼럼의 형식은 최보식 기자에 대한 비판이었지만, 정작 대상이 된 작가들은 김정란의 칼럼으로 인해, 인터뷰 건으로 훼손된 자존심에 또 한번 치명적인 먹칠을 하는 기분이 들 수도 있다는 점을 김정란은 모르고 있었던 것일까? 가령, "작가들은 기득권 유지를 위해 박정희 복권에 여념이 없는 이 언론사의 숨겨진 의도 때문에 공연히 끌려나와 들러리를 서고는 그도 모자라 몰매를 맞는다"는 표현이나, "문학적으로 딱한 수준인 시인의 시조차 너무 어려워 골머리를 앓는 정도의 문학적 식견을 가진 기자 한사람이 함부로 덤벼들어 난도질을 해대도 될 만큼 우리 문학 현장이 너절하다고 생각하지 않는다. 어쨌든 한 언론사의 기득권 유지를 위해 작가들이 줄줄이 사탕으로 끌려 나와 모욕을 당해도 될 만큼 껄끄럽하지는 않다는 말이다"[11]라는 김정란의 표현을 정작 대상작가들이 어떻게 수용할까. 아마 내 생각에는 '조선일보 비판과 문학의 위엄을 강조하기 위해서, 김정란이 우리들을 꼭 이런 방식으로 비참하게 취급해야 하는 것인가?'라는 쪽이지 않을까 싶다.

나는 이러한 의미에서, 김정란이 때로 자신이 주장하는 입장이 옳다는 지나친 자기 확신이나 편협한 나르시시즘에 빠져 있는 것이 아닌가 우려된다. 경우에 따라서는, 나르시시즘과 자기 격려가 예술가들에게 참으로 소중한 자산이 되기도 할 것이다. 어떤 의미에서는 예술이나 문학 자체가 나르시시즘의 세련된 드러냄일 터이다. 그러나 그 나르시시즘이 한 발만 잘못 발을 딛으면, 그것은 타자에 대한 섬세한 고려 없이 자신의 입장과 욕망만을 거칠게 드러내는 수단으로 변한다. 나는 김정란에게서 이러한 징후를 발견한다. 김정란은 물론 나르시시즘에 대해서 시종일관 비판적이다.[12] 그러나 그가 비판하는 부정적인 의미의 나르시시즘이 혹시 그 자신의 글 속에도 불길하게 내재해 있는 것은 아닐까.

지금까지 살펴왔듯이 김정란의 「조선일보를 위하는 문학」의 담론 구사 방식은, 그 글이 의도했던 비판적 기획의 정당성을

---

11) 김정란, 「문학을 가볍게 보지 말라」, 『경향신문』, 1998.11.10.
12) 김정란, 「90년대 문학의 가능성」, 『동서문학』, 1999년 여름호 참조.

오히려 훼손시키는 요소가 분명히 있다고 판단된다. 나는 김정란이 참으로 힘든 결단을 통해 전개하는 비판적 글쓰기가, 타자와의 좀더 열린 대화를 통한 공감대 형성에 깊은 관심을 기울였을 때, 그 소기의 목적을 효과적으로 달성하리라고 본다. 바로 그것이 김정란의 글쓰기가 전투적 논객의 주관적인 독백에 머무르지 않고, 궁극적으로 이 땅의 문학적 현실의 개선에 중요한 디딤돌이 되는 길일 터이다.

4. 『문학과사회』[13] ─에콜의 논리와 자기 성찰의 후퇴

최근 문사는 갖가지 비평논쟁의 '핵'이었다. 이를테면, 문사의 문학적 공정성 여부에 대해서 의문을 제기하면서, 문사와 그 편집동인들의 섹트주의적 성격과 문학적 엘리트주의, 문학적 폐쇄성을 문학과 권력의 입장에서 비판한 글이 최근 일 이년 동안 수 편 있었던 것이다. 이러한 사실은, 역설적인 의미에서 문사가 지금까지 가장 신뢰받는 문학적 에콜이었다는 사실을 의미하기도 한다. 사람들은 한 개인이나 집단이 지닌 명성이나 신뢰만큼, 그 당사자들에게 높은 도덕성을 요구하기 마련이다. 그러

---

13) 『문학과사회』를 이하 문사로 약칭한다.

나 말이 쉽지, 그 명성과 미덕을 올곧게 지키는 것은 지난한 작업이다. 내가 보기에, 문사에 제기된 상당수의 비판들은, 문사에 대한 기대와 현실 사이의 간극에서 연유한 실망감의 다른 표현이다.

나 역시 그러한 비판의 글을 쓴 적이 있지만, 누가 뭐라고 해도, 적어도 아직까지는 문사와 문학과지성사가 문학의 반성적 역할의 환기에 가장 의미 깊은 기여를 하였으며, 나쁜 의미의 출판상업주의에 대한 소중한 항체 역할을 한다는 사실을 기꺼이 인정하고 싶다. 특히 문학과 비평의 반성적 성격과 연관하여, 김현 선생이 타계하기 한 달 전에 남긴 "문학이 인간의 모든 문제를 다 해결해줄 수 있는 것은 아닙니다만, 문학은 그 어떤 예술보다도 더 뜨겁게 인간의 모든 문제를 되돌아보게 합니다. 그 되돌아봄을 다시 되돌아보는 것이 제가 생각하는 비평입니다. 비평은 그런 의미에서 하나의 반성적 행위입니다"라는 전언[14] 을 문사가 정신적으로 계승하고 있다는 점은 주목할만한 사실이다. 그들이 창간호에서 주장한 "문학은 스스로를 반성하면서 사회를 비판하고, 이러한 반성과 비판을 통해 스스로를 변화시켜 나가는 동시에 사회 변혁의 주요한 동인이 된다"[15]는 지적은 이러한 문사의 정신적 경향을 잘 보여준다. 그러므로 문사라

---

14) 이 메시지는 제1회 '팔봉비평문학상'의 수상소감으로, 김현 선생이 병석에서 작성하여, 1990년 5월 27일 수상식장에서 대리로 낭독된 글의 일부이다.
15) 「『문학과사회』를 엮으며」, 『문학과사회』 창간호, 1988년 봄호, 15면.

는 에콜의 논리와 자기 성찰과의 연관성을 탐색하는 작업은, 문학적 집단(에콜)의 논리가 성찰의 문제를 어떻게 규정하고 있는가를 탐문해 볼 수 있는 소중한 계기라고 하겠다.

문사의 편집동인인 홍정선의 글 「허망한 언어와 의미 있는 언어」(『문학과사회』, 1998년 여름호)를 둘러싼 논쟁은 어떠한 생산적인 의견의 교환과 열린 대화도 없이, 종결된 바 있다. 내가 이 논쟁에 관심을 기울인 이유는 논쟁의 표면적 내용이 아니라, 논쟁을 대하는 문사의 태도와 자세였다. 문사의 기획특집인 「한국문학의 빈곤」의 한편으로 씌어진 홍정선의 글은 최근 비평계가 아마추어리즘에 매몰되어 있다고 진단하면서 신철하·강형철·정끝별·윤지관 등의 비평가들이 지니고 있는 모순된 비평 논리와 오독, 불성실한 비평 태도 등을 직설적 표현을 통해 비판한 비평문이었다. 이 글에 대해, 강형철·정끝별·신철하 등이 적극적인 반론을 제기한 바 있는데, 특히 신철하는 홍정선의 글을 비판하면서 문사가 표출하고 있는 섹트주의와 불건강한 권력의 문제점을 지적한 바 있다.[16] 그는 심지어 문사의 해체까지 주장하기도 했다. 그 외에도 홍정선의 평문에 대해서 구체적인 비판을 펼친 평문은, 비평과 좌담의 발언 등을 통해 몇 편이 더 있었다.

이러한 집중적인 비판들에 대해서, 문사와 홍정선은 침묵으

---

16) 신철하, 「문학의 감옥」, 『문예중앙』, 1998년 가을호.

로 일관한 바 있다.[17] 모든 논쟁은 논쟁의 당사자에게 성찰의 계기를 제공한다. 특히나 홍정선에 대한 비판을 문사의 정체성과 연관지어 비판한 대목은, 그 문제제기에 동의하든 동의하지 않든 간에, 문사의 문학적 입장에 대한 근원적인 성찰로 유도할 수도 있는 계기였다. 그렇다면, 문사가 이러한 타자의 비판들에 대해서 침묵을 지킨 이유는 무엇일까. 추측컨대 문사는 논쟁이 비생산적 감정 싸움으로 흐르면서 소모전으로 비약하는 것을 막기 위해서, 어떠한 반응도 보이지 않았던 것이 아니었을까. 사실 홍정선과 신철하의 평문들이 다소 직설적이며 거친 표현을 사용하고 있다는 사실을 감안하면, 이러한 문사의 입장은 존중되어야 한다. 그러나 문사의 이러한 태도가 설득력을 지니기 위해서는 한가지 사실이 전제되어야 하지 않을까 싶다. 그것은 홍정선의 평문이 충분한 공감대와 보편적인 정당성을 확보하고 있다는 전제이다. 그 나름대로 타당성과 설득력 있는 논리, 개성적인 관점을 지닌 글에 대해서, 트집 잡기 식의 거친 비판들이 난무했을 때, 구태여 그 비판들에 대해서 구체적으로 대응할 필요는 없을 것이다. 그러나 홍정선의 평문에 대한 다양한 문제제기들을 이러한 차원에서만 바라볼 수는 없는 것 아닐까. 여기서 홍정선의 글에 대한 몇몇 비판들이 문사의 문학적 공정성 여

---

17) 물론 강형철이 『중앙일보』에 투고한 반론에 대한 홍정선의 재반론이 씌어졌다. 그러나 이 신문지상의 논쟁은, 지면의 한계와 저널리즘의 성격상, 논쟁의 구체적인 내용보다는 서로의 논쟁태도만을 언급한 채 종결되었다.

부에 대한 근원적인 질문을 담고 있었다는 사실, 아울러 홍정선의 평문 역시, 그 문제제기가 직설적인 만큼, 타자를 비판하는 태도, 비판의 대상이 된 비평가의 선정 여부, 논리 전개의 성실성 여부 등등의 면에서 충분히 반박이 가능한 글이었다는 점[18]을 상기하도록 하자.

물론 홍정선이 제기하는 비평의 몇몇 문제점에 대한 지적에 수긍할만한 대목이 없는 것은 아니다. 그의 글에는 제대로 된 비평을 열망하는 비평가의 절박한 사명감과 우려가 담겨 있다. 그러나 홍정선이 몇몇 비평가들을 비판하면서 은연중에 내보인 태도와 논지 구사 방식이 과연 바람직한 것이었느냐에 대해서는, 나는 분명히 회의적이다. 이미 지적되었지만 그의 평문에는 그토록 신랄하고 민감한 문제제기가 응당 갖추어야할 논의과정의 성실성과 정교함, 자기 성찰이 동반되지 못하고 있는 것 아닐까. 그렇다면 문사와 홍정선에 대한 집중적인 비판에 대해서 문사가 아무런 반응을 안보였다는 것은 지극히 부자연스러운 일이다. 홍정선의 글이 단순히 청탁한 필자의 글이 아니라는 사실을 감안하면, 자신들의 문학관에 대한 자부심과 뚜렷한 개성적 입장을 지닌 에콜을 자처하는 문사는, 적어도 이 대목에서 진지한 자기 성찰을 보여주거나 성실한 반론을 제기했어야 했다. 아마 나와 같은 수많은 문사의 독자들은 홍정선과 문사에

---

18) 한기·김경수·권성우 좌담, 「한국문학 논쟁, 그 발전적 모색을 위하여」, 『문예중앙』, 1998년 가을호 참조.

대한 비판에 문사가 어떤 입장을 가지고 있는지에 대해서 무척이나 궁금했을 것이 아닌가? 자신들이 전개한 논리에 정당성이 있다면 치열한 논쟁을 통해서 그 정당성을 옹호하고, 그렇지 않다면 근원적인 자기 성찰을 보여주는 것이, 비판에 대처하는 에콜의 자연스러운 태도이자 독자들에 대한 의무가 아니겠는가. 나는 문사의 침묵에서 자기 성찰의 부재와, '만지면 커진다'는 식의 논쟁에 대한 냉소를 읽는다. 이러한 의미에서, 정과리가 비판한 바 "입장이 다르면 외면하고 무시한다. 비판을 안하는 것은 아닌데 내부는 들여다보지 않고 거죽만 열심히 때린다. 얘기할 가치가 없다는 것이다"라는 지적이 바로 문사에게 부메랑으로 되돌아가고 있다는 점을 확인해두자.[19]

생각건대, 문사의 이러한 태도가 새삼스러운 것은 아니다. 가까이는 필자가 발표한 「비평과 권력」과 멀리는 황국명·민병욱 등의 『문학과지성 비판』(1987)에 대해서, 문사와 문사의 전신인 『우리 시대의 문학』의 본격적인 응답이 거의 없었다는 사실을 감안해 보면, 문사가 줄기차게 주장하는 열린 대화가 과연 그 의미에 걸맞게 제대로 이행되어 왔는가에 대한 질문을 던질 수밖에 없을 터이다.[20] 나는 문사와 같이 영향력 큰 에콜이야말로

---

19) 그러므로, 『창작과비평』은 김정란의 「조선일보를 위한 문학」에 대해 어떤 식으로든지 입장을 밝혀야 하지 않겠는가.

20) 이른바 4·19 세대로 지칭되는 선배비평가와 소설가의 문체와 세계관에 대한 '논쟁적 대화'라고 할 수 있는 임우기의 평론 「'매개'의 문법에서 '교감'의 문법으로」(『문예중앙』, 1993년 여름호)가 애초의 의도와는 달리, 당시 그가 편

진정한 의미에서의 자기 성찰이 더욱 긴요하게 요구된다고 생각한다. 왜냐하면 에콜의 논리는 때로 그 에콜에 속한 비평가의 관점을 규정하는 중요한 요인으로 작용하기 때문이다. 그리하여, 에콜의 전략과 그 공정성에 대한 진지한 성찰이 없을 경우, 에콜에 속한 비평가의 논리마저 파행적으로 만드는 경우가 많기 때문이다.

예컨대 최근 문사 여름호에 수록된 이광호의 「'90년대'는 끝나지 않았다」와 총평의 형식으로 씌어진 「문학공간-1999년 여름」은, 문사와 그 편집동인들이 수행하는 비평의 논리가, 에콜의 이해관계에 의해 굴절되면서, '성찰의 부재'로 귀착되고 있음을 여실히 보여주고 있다. 우선 이광호의 글은 그가 『세계의 문학』 편집위원에서 전격적으로 문사 편집위원으로 옮긴 후에 발표한 첫 글이라는 점에서, 그리고 문사 및 그 편집동인들과 연관된 몇몇 비평적 논점에 대한 이광호의 입장을 담고 있다는 점에서 문제적인 텍스트이다. 이광호의 글은 '쟁점 비평'이라는 형식으로 씌어졌는데, 주목되어야할 것은 그 평문이 쟁점비평에 수반되어야할 어떠한 구체성도 담고 있지 않다는 사실이다. 관점에 따라 상이한 입장이 전개될 수 있는 첨예한 논쟁에 관해서 '쟁점 비평'의 형식으로 논하면서, 이광호는 어떠한 실명과 비

집동인으로 있던 『문학과사회』에 수록되지 못하고 『문예중앙』에 수록되었다는 점은 『문학과사회』가 편집동인 내부로부터의 이견이나 비판을 열린 자세로 수용하지 않고 있음을 입증하는 예가 아닐까.

평문의 제목도 밝히지 않은 채 논지를 전개해가고 있다. 이광호의 입장을 굳이 이해해주자면, 여러 가지 이해관계가 걸려 있는 민감한 비평적 논쟁에 대해 실명 비평을 수행하는 것이 그에게 커다란 부담으로 다가왔을 수도 있을 것이다. 그러나 강준만이나 김정란의 글도 발표되는 마당에, 정말 그러한 우려 때문에 비실명으로 처리했다면 아예 글을 발표하지 않는 것이 옳은 태도가 아니었을까? 문사가 '쟁점 비평'이라는 기획을 지난 호부터 새로 만든 의도는 우리 문단의 첨예한 쟁점에 대한 열린 대화와 논의의 구체화에 있지 않았던가. 그러니, 말 그대로 '쟁점 비평'이라면, 그 용어에 어울리는 구체적인 대화와 논쟁이 오갈 수 있는 여지를 제공해야 되는 것이 아닐까? 바로 그러한 가능성을 열어놓는 태도가 문사 동인들이 지속적으로 주장해 왔던 진정한 자기 성찰의 태도가 아니겠는가? 이러한 의미에서 이광호가 「신세대문학이란 무엇인가?」이라는 평문을 통해, 문사의 '문학총평'에서 개진된 신세대문학 비판을 지적하면서 "누구의 어떤 글을 대상으로 이러한 논의를 전개하고 있는지가 모호하기 그지없다. 공격의 목표를 밝히지 않는(혹은 밝히지 못하는) 비판은 얼마나 창백한가"[21]라고 표현한 대목은 그 자신에게 되돌려져야 할 것이다.

이광호의 글은 비실명으로 씌어졌기 때문에 여러 가지 문제

---

21) 이광호, 「신세대문학이란 무엇인가」, 『환멸의 신화』, 민음사, 43면.

점을 낳고 있다. 일단 논쟁의 당사자들에게 실제적인 반론의 기회를 원천적으로 차단하고 있다. 만약 반론이 제기되면, '이 글은 당신을 겨냥해서 쓴 것이 아니다'라고 하면 되는 것일까. 아울러 이광호가 비판하고 있는 논쟁 당사자들의 논지가, 인용이나 예문 하나 없이, 이광호의 관점에 의해서 일방적으로 정리되기 때문에, 논쟁의 맥락이나 취지가 왜곡되거나 굴절될 가능성도 있다. 얼핏 보면 객관적이며 사려 깊게 느껴지는 이러한 비실명 비평은 이광호가 비판하고자 하는 당사자들의 다양한 관점을 편의적으로 단일화시켜 놓고 수행되기도 한다. 그러하기에, 논쟁의 추이를 정확히 모르는 독자들은 표면적인 문맥상으로는 반박의 여지가 없는 이광호의 논지를 수동적으로 추인할 수밖에 없는 것이 아닌가. 이러한 방식은 대화적 태도라기보다는 일방적인 독백에 가깝다. 이광호가 진정 타자와의 대화적 논쟁을 희망한다면, 비판의 대상이 된 당사자의 실명과 해당 문건을 구체적으로 밝히는 방식으로 글이 씌어져야 할 것이다. 이러한 의미에서 첨예한 비평적 논쟁에 대해서 비실명 비평을 수행하는 것은, 교묘한 형태로 자기동일성을 정당화하는 권력형 비평의 하나일 수 있다. 이러한 점을 전제로 이광호의 글에서 표출되고 있는 몇 가지 문제점을 지적하기로 하자. 우선 이광호의 다음과 같은 언급을 보자.

상업주의를 개탄하는 목소리에는 더욱 더 성찰해야할 몇 가지 문제들이 숨어 있다. 특히, 작품에 대한 미학적 평가를 문학 상업주의의 차원에서 해석하고 비판하면서 윤리 문제와 결부시키는 것은, 간과할 수 없는 문제점을 안고 있다. 가장 폭력적인 논리 중의 하나는 '내'가 인정할 수 없고 이해할 수 없는 작품을 적극적으로 평가하는 비평은 '불순하다'라는 논리이다. '나는 상업주의를 비판하기 때문에 그 더러운 현장에 부재한다'는 의도적 착각에는 '그들은 전략적이고 나는 순수하다'는 기이한 윤리적 우월감이 깔려 있다. 90년대 문학의 상업주의 비판이 자기 문학의 '순수성'을 정당화하는 알리바이로 이용되는 사례는 많다.22)

이러한 이광호의 언급은, 전후맥락을 세심하게 검토해보면, 주로 유미리의 『타일』을 둘러싼 한기와의 논쟁을 의식하고 씌어진 것으로 보인다. 나는 이 논쟁에 대한 생각을 간단히 언급한 바 있지만23) 다시 반복하자면, 한기의 입론은 이광호가 작성한 『타일』에 대한 평문이, 그가 편집위원으로 있으며 『타일』을 출간한 출판사와의 모종의 담합에 의해, 『타일』을 과대 평가하는 방식으로 씌어졌다는 주장에 해당된다. 그런데 문제는 이광호에게는 치명적인 비판이 될 수도 있는 한기의 이러한 입론이 충분한 검증과정과 논리적 설득력이 결여된 채, 슬쩍 지나가는 식으로 진술되고 있다는 점이다. 한기의 주장은 단지 개연성의 차원에서만 제기된다. 그러한 개연성만으로 한 사람의 비평가에게 중대한 타격을 줄 수 있는 주장을 할 수 있는 것은 아닐 터이다. 바로 이 점이 한기가 주장하는 입론의 한계가 아닐까. 『타

---

22) 이광호, 「'90년대'는 끝나지 않았다」, 『문학과사회』, 1999년 여름호, 762면.
23) 권성우, 「바람직한 논쟁과 진정한 비판」, 『뉴스플러스』, 1999.1.8.

일』을 둘러싼 이광호와 한기의 차이는 단지 유미리의 『타일』에 대한 해석의 편차에서 도출될 수도 있기 때문이다. 그렇다고 해서, 위의 이광호의 언급을 전적으로 수용할 수 있는 것도 아닐 터이다. 위의 이광호의 언급을 타당하다고 말한다면, 한기는 거꾸로 이렇게 말할 수 있지 않을까? 가장 폭력적인 논리 중의 하나는 '내가 인정한 문학작품에 대해 적극적으로 문제제기하고 그 문학성을 의심하는 비평가는 비평적 감식안이 없으며 불순하다'는 논리이다.

작품 해석에 있어 첨예한 대립이 진행되는 논쟁을 언급하면서, 이광호식으로 어떠한 구체성도 담보하지 못한 일반론을 통해 상대방의 논지를 제압하는 방식을 바람직하다고 할 수는 없다. 이광호의 논법에 따르자면, 그가 편집동인으로 있는 문사에서 높이 평가하는 작품의 문학성에 대한 비판들이 그 비판자들의 작품에 대한 몰이해에서 연유한다는 것인가? 이러한 태도야말로 나의 독법은 항상 정당하고, 그 작품의 문학성에 대해 의문을 제기하는 상대방은 작품을 제대로 이해하지 못했다는 식의, 해석상의 완강한 자기동일성에 대한 표출이 아닌가?[24]

---

24) 이광호는 한기의 평문을 비판하는 글의 서두에서, "내가 읽은 한기 씨의 글은, 비평이라고 하기에는 난삽하고 지리멸렬한 문건이어서 논쟁할 가치가 없었다"(『조선일보』, 1998.6.10)고 언급하고 있는데, 아무리 논쟁당사자와 관점을 달리한다 하더라도, 이러한 식의 논법은 타자를 지나치게 무시하는 태도가 아닌가. 이광호가 정말 위와 같이 생각했다면, 그는 왜 이 글을 논쟁의 형태로 발표했을까?

물론 이광호는 『타일』에 대한 높은 평가는 자신이 『세계의문학』의 편집위원이었다는 사실과 아무런 상관이 없다고 말할 지모른다. 그것이 사실일 수도 있으리라. 그러나 진정 성찰적인 태도는 자신도 인식하지 못하는 사이에, 자신의 비평에 스며들수도 있는 어떤 무의식적 의도에 대한 자각이 아닐까. 나는 한기의 글이 논리적 검증 절차 없이 이광호의 글쓰기를 성급하게출판자본과의 담합으로 규정한 것에 대해서는 동의하지 않지만, 『타일』의 문학성에 대한 비판은, 그 비판에 대한 동의여부와 관계없이, 충분히 가능한 논리라고 생각한다. 또한 구체적인 논리적 검증 절차만 거친다면, 특정한 비평가와 특정한 출판사의 관계가 작품의 문학성에 대한 평가에 어떠한 영향을 미치고 있는가의 여부를 제기하는 것은 참으로 치열하며 용기 있는 문제의식의 소산으로 평가될 수도 있을 것이다.

한편 "'나는 상업주의를 비판하기 때문에 그 더러운 현장에부재한다'는 의도적 착각에는 '그들은 전략적이고 나는 순수하다'는 기이한 윤리적 우월감이 깔려 있다"는 이광호의 언급을어떻게 바라보아야 할까. 이러한 이광호의 언급은 어떤 비평가들을 겨냥하고 있는 것일까? 이광호가 자주 쓰는 표현을 빌리자면 모든 글쓰기는 전략적이다. 과연 누가, 자신의 글쓰기가 완벽하게 순수하다고 생각할 수 있을까. 모든 출판이 자본주의적유통구조에 포섭되어 있는 상황에서 그 누가 상업주의 그 자체를 잘못되었다고 말할 수 있을까. 우리가 진정으로 세심하게 고려해야할 것은 어떠한 식의 상업주의며, 어떠한 식의 전략적 글쓰기인가?, 하는 차원의 문제이다. 내가 보기에 한기 및 유사한 문제의식을 지닌 논자들이 비판하는 것은 단순히 상업주의 그 자체가 아니다. 그들이 비판하고자 하는 것은 문학성의 이름으로 위장된 상업주의적 책략이라고 보아야 되지 않을까. 이광호는 그 누구도 동의할 수 없는 가상의 명제를 비판하면서, 자신의 논리가 정당하다는 사실의 알리바이로 사용하고 있다.

문제는 이러한 식의 담론의 책략이 이광호의 글 곳곳에서 나타나고 있다는 사실이다. 그는 "문학과 비평이 문화산업의 완전한 '바깥'에 머물 수 있다는 것은 어쩌면 환상이다. 문학적 활동을 포기하지 않는 이상 우리 모두는 공모자의 혐의를 벗을 수 없다"[25]고 주장하고 있다. 어디서 많이 듣던 목소리와 흡사하다. 이광호의 위의 지적이 자꾸 '정치권은 모두 썩었어. 그놈이나 이놈이나 다 한가지야, 정치권에는 아무런 희망도 없어'라는 식의 정치허무주의의 목소리를 연상시키는 이유는 무엇일까? 이 목소리의 곁에서는 '지배이데올로기를 비판하는 저항 이데올로기를 주창하는 사람도 권력에 대한 똑같은 욕망을 지니고 있는 것이 아닐까. 지배이데올로기를 비판하는 세력도 결국 그 비판하는 대상을 닮아 가는 것 아닐까?'식의 단순한 양비론의 목소리가 겹쳐서 들린다. 물론 이광호의 언급은 문화산업에 대한 지

---

25) 이광호, 「'90년대'는 끝나지 않았다」, 763면.

나친 결벽주의적 접근을 우려하는 성찰의 목소리일 수도 있으며 문화산업의 거대한 영향력을 과소 평가하는 낙관주의적 독립군들에 대한 비판적 조언으로 수용될 여지도 있으리라. 실상 그러한 경향들이 존재하는 것이 사실이고, 그러한 부분에 대한 비판과 문제제기가 절실히 요청되기도 한다. 그런데 문제는 이광호의 이러한 지적이, 이 글의 맥락에서는, 문화산업의 부정적인 한계를 소신 있게 지적하려는, 혹은 자신의 입장을 문화산업의 부정적 관행으로부터 필사적으로 독립시키려고 노력하는, 혹은 불건강한 문화적 권력을 비판하고자 하는 논자들의 소중한 역할을 희석시키는 논법으로 작용하고 있다는 사실이다.

생각해 보면 모순된 제도를 혁파시키는 것은 항상 '작은 차이'들에 대한 민감한 인식이었다. 설사, 이 시대의 모든 비평가들이 문화산업의 영향력으로부터 자유롭지 않다 해도, 그 논자들이 문화산업에 대해서 취하고 있는 태도는 각기 다르다. 이광호와 도정일, 김정란은 얼마나 다른가. 그 작은 차이들이 구체적인 인식과 실천의 단계에서는 중대한 차이로 변모하지 않는가. 문화산업의 내부에서, 문화산업의 부정적 성격을 비판하는 것은 비평가의 중요한 임무일 것이다. 그러므로 문화산업의 거대한 그림자 속에 있으면서도, 그 그림자의 불길한 심연으로부터 탈주하기 위해 지난한 노력을 하는 사람들의 입장에서 보면, '우리 모두가 공모자'라는 식의 발언은 정말로 무책임하게 들릴 것이다. 딱히 이광호의 경우가 아니라도,[26] 문화산업의 부정적

측면과 문학성을 내세운 위장된 출판상업주의의 행태를 비판하고자 하는 소중한 노력들을, 모두 문화산업의 공모자라는 식의 논법에 의해 물타기 하는 수법은 때로는 문화산업의 부정적인 관행에 무반성적으로 익숙해진 논자들의 자기 알리바이이자 담론의 책략일 수 있다. '모두에게 책임이 있다'는 얘기가 곧 '아무도 책임이 없다'는 얘기와 통한다는 것을 이광호도 모르지 않을 것이다.

문학적 권력에 대한 이광호의 다음 발언은 어떤가?

> 이와 연관해서 90년대 문학을 비판적으로 조망하는 또 다른 작업들은 문학 제도와 문단을 '권력의 장'으로 이해하는 이론을 빌려 90년대 문학 내의 권력의 지형을 비판한다. (…중략…) 그런데 문제는 분석의 개념과 준거틀을 윤리적 비판의 차원으로 단순화시키는 경우이다. '권력'의 개념에 관해서만

---

26) 이광호는 최근에 문학과지성사에서 출간된 『클럽 정크』라는 소설에 대해서 평하면서 다음과 같이 언급하고 있다. "'새로운'이라는 형용사를 달고 나오는 많은 작품들이 사실은 새로움의 외피만을 걸치고 있거나 문학적으로 함량미달인 경우가 적지 않다. 특히 출판사들이 거액의 상금을 걸고 공모하는 신인 장편소설의 경우, 출판산업적 논리로 인해 신인작가의 역량과 작품성을 과대평가하고 과대 포장하는 경우가 너무 많다. 최대환의 『클럽 정크』는 물론 신인소설상 등을 통해 화려한 조명을 받은 작품이 아니며, 오히려 이 작품에 대한 문단의 관심은 지나치게 조용한 편이다. 하지만 이 작품이 '새로운' 문학의 내부에서 던져주는 문제적 성격은 충분히 주목할 만하다."(『국민일보』, 1999.6.7) 나로서는, 이성욱에 의해서 상업적 '이벤트 마인드'에 의해 문학상이 운영되고 있다고 비판받은 '오늘의 작가상'을 주관하는 민음사의 기획위원으로 있던 이광호가, 지금까지 어떤 신인문학상도 운영하지 않은 『문학과사회』로 옮긴 직후에 신인문학상의 상업적 성격을 비판하는 발언을 하는 취지가 다소 부자연스럽게 다가온다. 그가 아직도 민음사의 기획편집위원으로 있다면 과연 이런 방식으로 발언했을까? 이 대목은 에콜의 논리가 한 비평가의 발언을 어떻게 미묘하게 변화시키는가 하는 점을 보여주는 실례이다.

말하더라도, 권력 개념의 지나친 단순화는 그 개념의 깊이와 구체성을 희생시켜버린다. 권력은 검열하고 관리하는 부정적 역할만을 수행하는 것이 아니다. 권력은 '억압하면서 동시에 생산하며' '억압하기 전에 생산한다.' (···중략···) 권력 개념을 둘러싼 구조와 행위에 대한 비판은 분석적이고 성찰적으로 진행되지 않으면, 그야말로 '지당한 말씀'의 차원에 귀착된다. 문학 권력이 편재(偏在)한다는 사고에는 비판의 주체인 스스로를 추잡한 권력의 장과 무관한 순수의 공간에 위치시키는 도취의 함정이 도사리고 있다.[27]

이러한 이광호의 언급을 전후맥락에 의한 징후적 독법으로 읽으면, 이 대목이 필자의 「비평과 권력」이나 신철하의 「문학의 감옥」과 같은 평문 등을 의식하면서 씌어졌다는 사실은 분명하다. 물론, 권력의 개념으로 문단권력을 비판하는 담론에는 여러 가지 한계가 있을 것이며, 필자의 글 역시 이 점에서 예외가 아닐 것이다. 나는 「비평과 권력」을 비롯하여 권력의 개념으로 문학제도나 에콜의 행태를 비판하는 글들의 성취와 한계에 대해서는 보다 허심탄회한 토론과 대화가 진행되어야 한다고 생각한다. 그리고 그러한 과정을 통해, 내 글이 지닌 한계에 대한 근원적인 성찰의 계기를 부여받을 수 있을 것이다. 그러나 적어도 실명을 밝히지 않고 전개되는 이런 식의 뒤통수를 때리는 비판 방식에는 결코 동의할 수 없다. 권력에 대한 개념이 복합적이며, 권력 개념에 대한 접근이 분석적이고 성찰적으로 진행되지 않으면 안된다는 이광호의 언급은 그야말로 너무나 "지당한"(?) 말씀이다. 그러니, 이광호에게 더욱 필요한 것은, 지당한 말씀을

27) 이광호, 「'90년대'는 끝나지 않았다」, 764면.

되풀이하는 것이 아니라, 그 평문들이 놓인 전후맥락을 성실히 읽어주는 작업이 아니겠는가. 권력 비판을 목표로 한 글에 왜 권력의 생산적인 면을 읽지 못하느냐고 말하는 이광호의 논법이 과연 순수한 제언일까? 이광호는 이러한 문제제기 이전에, '권력 개념으로 문단의 불건강한 행태와 문제점을 비판하는 글의 내용 자체'에 대한 자신의 생각을 밝혀야 하는 것이 아닐까. 그러한 과정을 통해 '혹시 내가 참여하는 문사도 권력화 되어가는 부분은 없는가'라는 성찰의 과정을 거쳐야 하지 않겠는가.

문단 권력을 비판하기 위해서, 권력의 다양한 풍경 중에서 윤리적인 면에 각별한 관심을 가지는 것은 너무나 자연스러운 행위이다. 물론 윤리적인 지평이 권력에 대한 비판의 모든 영역을 담보할 수 없을 것이다. 그러나, 권력의 행사 방식에 대한 비판은 그것이 아무리 세밀하고 복합적인 차원에서 전개되더라도 기본적으로 윤리적인 관심에서 결코 자유로울 수 없는 것이다. 모든 글에는 그 글이 목표로 하는 기본적인 전략과 목표가 있다. 내가 보기에, 문단 권력에 대해 비판적인 입장을 개진하는 비평들은 권력의 다양한 면을 복합적으로 언급하기 위해서 씌어진 글이 아니다. 글의 성격상 필연적으로 문학적 권력의 윤리적인 측면에 대해서 중점적인 문제제기를 우선적으로 할 수밖에 없었던 것이다. 말하자면, 권력의 속성에 "'억압하면서 동시에 생산하며', '억압하기 전에 생산한다'"는 면이 있다는 사실을 모르기 때문에, 권력의 공정한 행사의 여부라는 윤리적인 측면에 포커스를 맞춘 것이 아니라는 것이다. 위에서 인용한 이광호의 논리는 자본주의 사회의 부정적인 요소를 소신 있게 비판하는 진보적 경제학자에게, '왜 자본주의의 장점에 대해서는 언급하지 않느냐, 자본주의는 그렇게 단순하지 않다'고 비판하는 것과 무엇이 다른가?

또한 "문학 권력이 편재한다는 사고에는 비판의 주체인 스스로를 추잡한 권력의 장과 무관한 순수의 공간에 위치시키는 도취의 함정이 도사리고 있다"는 언급은 어떻게 받아들여야 할까. 추측컨대 이광호의 논의는, 스스로가 문학적 진리를 거머쥐고 있으며 문학적 권력과 무관한 순수한 비평을 하고 있다고 생각하는 논자들의 지나친 자기 확신과 나르시시즘을 겨냥하고 있는 것 같다. 일면 일리 있는 지적이다. 그러나 이러한 논의의 가장 커다란 맹점은 비평계에 엄연히 존재하는 힘의 역학관계를 무시하고 있다는 사실이다. 자신이 마음대로 글을 쓸 수 있는 매체의 소유 여부는 비평가의 실존과 입장의 형성에 커다란 영향을 미치는 변수이다. 때문에, 유력한 매체의 편집위원과 아무런 매체를 지니지 못한 비평가와의 논쟁은 애초에 불공정한 게임이 될 확률이 많다. 이광호는 최근에 유력한 매체의 편집위원으로 활동하는 비평가가 문학 권력을 냉철하게 비판하는 장면을 본 적이 있는가? 또한 이광호는 아무리 중요한 문제의식을 지니고 있다 하더라도, 그 주장을 수록해 줄 매체가 없기 때문에, 또는 수록된 매체가 이른바 마이너에 속하기 때문에, 메아리 없는 문제제기를 시도하는 비평가의 절망에 대해서 얼마나 생각해 보았는가? 바로 그렇기 때문에 이광호의 비판은 한층 성찰적으로 조심스럽게 전개되어야 하지 않았을까? 또한 이광호는 주류적 비평 권력에 문제제기를 수행했던 비평가들이 때로 자기 격려 차원의 나르시시즘을 표출하고 있는 것을 어떻게 생각하는가? 그러한 것들이 단순히 아웃사이더의 감상과 투정에 불과한 것일까.

물론 어떠한 정당한 비판이라도, 그 냉철한 비판의 공감대와 보편성을 훼손시키는 지나친 자기 확신이나 나르시시즘은 지양되어야 마땅하다. 그러나 이와 동시에, 비평적 권력의 역학관계에 대한 세심한 고려 없이 전개되는 아웃사이더에 대한 비판이 너무나 안이한 지당한 말씀에 귀착될 수도 있다는 사실을 인식하자. 때로 그 나르시시즘에 대한 문제 지적이, 불건강한 문학 권력에 대한 비판 행위라는 진짜 중요한 문제의식을 은폐하는 수단으로 활용되면서, 문제의 핵심을 흐리고 있는 것은 아닌가? 나는 이광호의 글에서 그러한 혐의를 본다. 마치 강준만이 제기하는 지역감정이나 연고주의, 학벌주의 같은 중대한 문제에는 아무런 언급도 없이, 강준만의 글쓰는 방식만을 성마르게 비판하는 경우가 이광호의 논법과 유사한 것이 아닐까. 이광호의 비판이 좀더 설득력과 공감대를 획득하려면, 우선 문학적 권력을 비판하는 내용에 대한 그의 입장이 표출되어야할 것이다.

아울러 나는 이 지면을 통해, 이광호가 어떠한 비평가의 어떤 평문을 염두에 두고 앞에서 인용한 표현을 구사했는가 하는 점을, 우리 비평계의 열린 대화와 논쟁적 문화의 성숙을 위해서 분명히 밝혀주기를 공식적으로 요구한다. 권력에 대해서 조금이라도 성찰해 본 비평가라면, 자신의 글쓰기가 진공 속에서 진행되는 순수한 글쓰기가 아니라는 것을 인식할 것이다. 나는 이광호가 「비평과 권력」의 다음과 같은 대목을 조금이라도 주의 깊게 읽었다면, 문학적 권력에 대한 비판적 담론들을 그토록 단순하게 비판하지는 않았을 것이라고 생각한다.

> 자신의 비평이 무의식적으로, 혹은 의식적으로 일종의 문학적 권력으로 작동하고 있다는 사실에 대한 냉철한 인식 역시 비평가가 지녀야 할 중요한 덕목 중의 하나일 것이다. 중요한 것은 자신의 비평이 탈권력적이라고, 혹은 자신의 글쓰기가 권력에 대한 저항이라고 주장하는 태도가 아니라, 자신의 글쓰기도 거의 무의식적인 차원에서 권력과 연계될 수 있다는 사실에 대한 뼈저린 자각이 아닐까 생각된다. 만약에 자신의 글쓰기가 권력과 전혀 상관이 없다고 주장하는 비평가가 있다면, 그는 현대사회이론에 무지하거나 지나치게 순진한 비평가일 것이다.[28]

지금까지 진행해온 이광호에 대한 비판이, 그가 우리 비평계에서, 자신의 비평에 대해서 비교적 성실하게 성찰하는 비평가 중의 한 사람이라는 사실 자체를 부정하지 못할 것이다. 다만,

---

28) 권성우, 「비평과 권력」, 『리뷰』(1998년 여름호), 71면. 이 글의 발표시의 제목은 「문학적 권력에 대한 욕망과 그 권력 관리의 음험한 전략」이었다. 원래 제목이 바뀌게 된 과정은 「비판과 성찰 사이」(『작가』, 1998년 가을호) 참조. 이 글에서 필자는 그 평문이 지닌 맥락을 정확히 전달하기 위해서, 원래 제목을 붙였다.

나는 이광호의 진정한 성찰은 때로 자신이 속해 있는 에콜의 이해관계를 극복하고 그 에콜의 정체성에 대한 근원적인 자기 반성이 이루어졌을 때 비로소 가능하리라는 점을 강조하고 싶다.

한편, 정과리가 작성한 「문학총평」(『문학과사회』, 1999년 여름호)은 문사가 타자의 비판에 대해서 대응하는 태도와 성찰의 자세를 전형적으로 보여주고 있다는 점에서 논의해볼 만한 문제적인 텍스트이다. 정과리 역시 누구보다도 성찰과 반성의 중요성을 환기한 비평가가 아니었던가. 정과리는 문사의 총평을 '관리비평'이라고 바라보는 시각을 비판하면서 다음과 같이 언급하고 있다.

> 관리 비평이라는 주장이 설득력을 얻기 위해서는 『문학과사회』가 현재의 문학적 장내에서 강력한 권력으로 존재해야 한다. 『문학과사회』는 권력인가? 그럴 수도 있고 그렇지 않을 수도 있다. 『문학과사회』가 권력이라는 것은 문학적 장의 역학 관계 내에서 『문학과사회』가 일정한 힘의 양을 가지고 있다는 것을 뜻한다. 그러나 그것은 다른 권력들과의 관계 속에서 정의될 수 있는 권력이며, 이때 중요한 것은 힘들 사이의 갈등과 협력의 관계 및 그 의미이다. 그리고 그럴 때는 각각의 권력의 정직성과 성실성이 문제가 된다. (…중략…) 다음, 『문학과사회』가 권력이 아니라는 것은 무엇을 뜻하는가? 잘 아시다시피 『문학과사회』의 문학적 입장은 비대중적이며, 오늘날처럼 대중주의가 광범위하게 힘을 얻고 있는(즉 권력이 되어 가는) 상황 속에서 우리의 입장은 불가피하게 소외를 자청하게 된다. 권력이 지배 권력과 동의어라면 『문학과사회』는 권력이 실질적으로 아니다.[29]

---

29) 정과리, 「문학 공간-1999년 여름」, 『문학과사회』, 1999년 여름호, 740면.

우선 "권력이 지배 권력과 동의어라면 『문학과사회』는 권력이 실질적으로 아니다"라는 말부터 보자. 정과리의 이러한 언급을 보면서, 나는 '성찰과 반성의 중요성을 끊임없이 환기시켜온 그가 정작 자신이 속해 있는 에콜에 대한 근원적인 성찰은 미루어 두고 있는 것이 아닐까?'라는 생각을 하지 않을 수 없었다. 한 마디로 말해서, 그는 문사의 입지를 너무나 거시적인 지평에서 조망하고 있다. 예컨대, 신경숙이나 은희경·공지영 등이 대중문화스타가 아니라 순문학을 지향하는 소설가이기 때문에, 그녀들이 문단에서 소외당하고 있다고 말할 수 있는가? 대중주의에 의해 소외 받고 있는 것은 순문학 자체이지 문사가 아니다. 오히려 순문학의 장에서 보면, 문사는 여전히 막강한 지배 권력이라고 말할 수 있지 않을까 싶다. 책의 판매량에서만 따지면 문사나 문학과지성사보다 월등한 문학 에콜과 출판사가 있을 것이다. 그러나 적어도 문인과 지식인들에게 미치는 영향력이나 지위, 문학적 명성과 전통, 언론의 배려 등등의 면에서 생각한다면, 문사와 문학과지성사는 분명히 우리 문단의 지배 권력이자 주류 권력이라고 할 수 있다. 우리가 문사를 논하면서 '권력'이라는 표현을 사용했을 때, 그것은 당연히 순문학 내에서의 상대적인 권력을 의미하는 것이다. 대중주의와 비교하여 문사가 권력이 아니라고 주장하는 것은 '잘못된 비교 레벨(misplaced level)'에 의한 평가이다. 솔직히 말해서, 문사나 문사의 편집동인들이 자신들의 문학적 입지를 '소외'라는 관점에서 바라보는 것은,

결과적으로 문사나 『창작과비평』 같은 주류 매체에 원고청탁 한번 받지 못하면서 정말 고독하고 소신 있게 글쓰는 문인들에 대한 일종의 모독일 수도 있다.

그리고 "『문학과사회』가 권력이라는 것은 문학적 장의 역학관계 내에서 『문학과사회』가 일정한 힘의 양을 가지고 있다는 것을 뜻한다. 그러나 그것은 다른 권력들과의 관계 속에서 정의될 수 있는 권력이며, 이때 중요한 것은 힘들 사이의 갈등과 협력의 관계 및 그 의미이다. 그리고 그럴 때는 각각의 권력의 정직성과 성실성이 문제가 된다"는 언급은 사실상 어떠한 구체성도 담고 있지 않다. 정과리에 의하면 정직성과 성실성이 권력의 정당성 여부를 판가름하는 기준이 된다는 것인데, 강준만식으로 말하면, 『한국논단』의 편집진들도 자신들이 누구보다도 정직하고 성실하다고 주장할 것이다. 정직성, 성실성, 나도 개인적으로 참으로 좋아하는 말이다. 그러나 이러한 추상적인 덕목이 권력의 공정한 행사 여부를 판별하는 기준이 될 수는 없을 것이다. 그 어떤 에콜의 구성원이 자신들이 정직하고 않고 성실하지 않다고 하겠는가?

자신이 속해 있는 에콜이 주류 권력이라는 사실을 허심탄회하게 인정하면서 그 권력을 최대한 공정하게 행사하겠다고 말하는 문사, 때로 자신의 입장에 대해서 근원적인 성찰을 수행하는 문사를 기대하는 것은 나만의 희망일까. 나는 그러한 태도가 문사로 하여금, 한결 아름다운 성찰을 제공하게 될 것이라고 확신한다.

자신이 지닌 권력과 지위를 냉정히 인식하는 작업이 얼마나 어려운가 하는 점을 나는 김병익 선생의 예를 통해서도 뼈저리게 실감할 수 있었다. 분명히 전제하지만, 나는 개인적으로 김병익 선생의 인품을 존경하며, 선생의 글쓰기로부터 참으로 많은 것을 배웠다. 그렇지만 다음 대목까지 내가 흔쾌히 동의할 수는 없었다.

> "…… 전에도 구모룡 씨가 '전략'이란 말로 저의 위치를 권력의 자장 속에서 설명한 것을 보고 뭔가 오해되고 있는 것이 아닌가 하는 생각을 했더랬는데, (…중략…) 학문에도 학파가 있듯이 문학에 유파, 그러니까 에콜이 있다는 것이 그렇게 몹쓸 일인지 의심스럽기도 하고 한 개인으로서든 유파나 파벌에서든, 자신들의 문학적 지향은 그것이 좋고 혹은 옳기 때문에 그런 문학을 하고 또 펴는 것이고 그것에 공감하는 작가와 문인들이 하나의 공동체, 아주 느슨하고 개별성은 충분히 살아 있는 동류적 모임이 될 터인데, 그걸 투쟁적인 권력싸움이란 관점으로 접근되어야 할 것인지 모르겠기도 합니다."[30]

김병익 선생은 위의 대목에서 볼 수 있다시피, '전략'이나 '권력'이라는 말을 부정적인 뉘앙스 일변도로 생각하고 있다. 그러나, 군이 푸코나 부르디외의 예를 들지 않더라도, 권력이나 전략이라는 용어는 어떤 음험한 책략에 기반하여 수행되는 의도적 행위가 아니라, 한 개인과 개인 사이에도 무의식적으로 존재

---

30) 김병익 · 성민엽 대담, 「성찰하는 자의 고뇌」, 『김병익 깊이 읽기』, 문학과지성사, 1998, 39면.

할 수 있는 힘의 관계망이나 그에 따른 인간이나 집단의 역학관계로 해석되어야 한다. 가령 김병익 선생의 글이 특별히 의도적으로 문학적 권력의 획득을 추구하지 않았다 하더라도, 그 글은 권력과 전략의 차원에서 충분히 해석될 수 있는 것이다. 권력은 무의식적으로 작동하는 것이기 때문이다. 그리하여, 부지불식간에 자신이 권력을 행사할 수 있다는 사실에 대한 뼈저린 인식이, 나는 권력과 관계없다는 태도보다 한결 자기 성찰적인 태도가 아닐까 싶다. 바로 이러한 성찰이 더욱 김병익 선생다운 자세가 아닐까. 나는 우리 시대의 대표적인 반성적 지성인으로 존경받고 있는 김병익 선생의 위의 발언을 접하면서, 자기 자신의 권력과 욕망까지도 꿰뚫어보는 근원적인 성찰이 얼마나 지난한 경지인지를 실감하게 된다. 말이 나온 김에 지적하자면, 에콜에 대한 언급도 적절하지 않은 것 같다. 내가 보기에, 에콜이나 문학적 유파의 존재 자체를 비판한 문학비평은 거의 없었다고 생각된다. 그 비판들이 실제로 겨냥한 것은, 에콜의 이름 아래 전개되는 문학적 권력의 불공정한 행사와 정실주의, 문학적 자기 정체성의 결여였지, 에콜의 존재 자체는 아니었다. 어떤 문학적 에콜이 존재한다는 이유 자체만으로 비판할 이유가 될 수는 없을 것이다. 진정한 의미의 창조적이며 개성적인 에콜이 절실히 요구된다는 사실에 대해서 동의하지 않을 문인은 많지 않을 것이다. 이와 연관하여 더욱 근원적인 의미에서, 우리의 문화에서 연고주의와 학벌주의를 제대로 극복하면서 참으로 뚜렷한 개성적 정체성과 미학적 일관성을 담보한 문학 에콜이 과연 존재하고 있는 것인가, 라는 질문을 던지게 된다. 그러한 역할이 얼마나 어려운 것인가를 나는 이즈음 문사의 행보를 지켜보면서 뼈저리게 절감하고 있다.

김병익 선생이 무의식적으로 보여준 자신의 권력에 대한 둔감한 인식은 정과리의 다음 언급에서도 유사하게 표출되고 있다.

> 분명히 언명하거니와, 우리가 총평을 통해서 특정한 작가들을 옹호하고 다른 어떤 작가들을 외면하거나 비판하는 것은 우리가 그들의 문학을 그렇게 보기 때문이지 관리하기 위해서가 아니다.[31]

나는 문사의 총평기능이 독특한 서평의 기능을 담당하고 있다고 생각한다. 그리고 그 총평은 엄청난 성실성과 순발력, 문학사적 지형에 대한 섬세한 이해 등이 동반되어야 비로소 씌어질 수 있는 글이다. 나는 정과리가 언급한 위의 대목을 보면서, 언어가 지닌 복합적인 의미에 대해서 생각해본다. '관리비평'이라는 용어로 문사의 총평을 비판적으로 바라본 것은 한기의 「지식인 아비투스의 비평에 대하여」(『문예중앙』, 1999년 봄호)라는 평문이었다. 앞의 김병익 선생의 예에서도 확인할 수 있었지만, 조직이나 관리·권력·전략 등의 개념에 대한 부정적 선입견이 아직도 존재하는 비평계의 현실에서 정과리가 '관리비평'이라는 용어에 대해서, 민감한 반응을 보이는 이유를 나는 기꺼이 이해

---

31) 정과리, 앞의 글, 741면.

할 수 있다. 관리비평이라는 용어는 마치 문사가 철저하게 계산된 음험한 의도로 특정 작가의 작품을 과대 평가하거나, 깎아내리고 있다는 의미를 준다. 그러나 권력이나 전략이라는 용어가 그러하듯이, 관리비평이라는 표현 역시 부정적인 차원으로만 바라볼 필요는 없을 것이다. 정말 중요한 것은 공정한 관리인가, 편향적인 관리인가의 문제이지, 관리비평이냐 아니냐가 아닐 터이다. 관점에 따라서는 "총평을 통해서 특정한 작가들을 옹호하고 다른 어떤 작가들을 외면하거나 비판하는 것" 그 자체를 관리 비평으로 볼 수도 있을 것이다. 나는 적어도 문학의 반성적역할을 강조하는 문사라면, 관리비평이라는 표현에 대한 민감한 반응을 보이는 것보다, '왜 문사가 관리비평이라는 표현으로 비판당하는 것인가?'에 대한 성찰이 우선적으로 이루어져야 한다고 생각한다.

굳이 말하자면, 나는 커다란 문학적 권력을 담보한 유력한 매체의 편집자들이 그렇지 않은 비평가들보다 한층 엄밀한 자기 성찰과 자기 반성을 수행해야 한다고 생각한다. 이는 국회의원이나 공직자에게 평범한 국민보다 좀더 깨끗한 도덕성을 요구하는 이치와 같다. 현실적으로 그들은 다른 평범한 비평가들보다 월등한 문학적 권력을 행사한다. 각종 심사, 신인 발굴, 문학상, 각종 심포지움과 세미나의 발표자, 비평의 발표 지면 확보 등등의 거의 모든 면에서 유력한 문학잡지나 에콜의 편집위원들은 커다란 메리트를 지니고 있다. 나는 그 편향적 권리가 정당한가의 문제와는 별도로, 특정한 에콜이 문학적 권력을 얻기 위해서 투자한 노력과 열정을 존중하고 싶다. 내가 강조하고 싶은 것은 그 권력에 값하는 비평가로서의 의무가 그들에게 숙명적으로 부과되어 있다는 사실이다. 그 의무는 자신에게 할당된 권력을 최대한 공정하고 세심하게 행사하는 것이다. 우리는 독자의 한 사람으로서, 그 권력의 공정한 행사 여부를 끊임없이 주시해야 한다. 그 일이 바로 나 같은 비평가의 의무일 것이다. 그 일을 게을리 한다면, 이 역시 비평가로서의 직무유기를 범하는 일이 될 터이다.

나는 『문학과지성』과 『문학과사회』를 이끌어온 비평가들이 성찰과 자기 반성의 중요성을 환기시킨 점에 대해서는 높이 평가하고 싶다. 그러나 그들에게 정작 중요한 것은, 자기 성찰의 중요성을 담론의 차원에서만 타성적으로 반복하는 것이 아니라 자기 성찰을 그 자신들의 내부에서 실천하는 작업이라고 생각한다. 그 실천은 당연히 문사와 문학과지성사에 대한 자기 반성과 자기 성찰이 될 것이다. 그러한 진정한 자기 성찰의 부재가 바로 홍정선의 글을 둘러싼 논쟁에서 보여준 문사의 태도나 정과리·이광호의 글에 불길하게 나타나 있는 것이 아닐까?

지금까지 전개한 문사와 정과리·이광호에 대한 비판이 다른 문학적 에콜이나 비평가들에게 유사하게 적용된다면, 과연 어떠한 결과가 도출될까. 아마도 문사보다 특별히 성찰적이며 자기 반성적인 에콜의 모습을 발견하기가 쉽지 않으리라고 생각된다.

말하자면, 문사가 적어도 아직까지는 우리 문학계에서 진지한 성찰의 풍경을 상대적으로 성실하게 보여주었다고 평가될 수 있다는 것이다. 그렇지만, 문사가 지금까지 쌓아온 명성이나 세간의 평가에 안이하게 자족해서는 안된다는 것이 내 생각이다. 바로 이 글은 문사가 반성적 지성의 진정한 요람으로 거듭나기를 기대하는 심정에서 씌어졌다. 그리하여, 스스로 막강한 권력을 가지고 있으면서도, 경우에 따라서는 그 권력에 대해서 과감한 자기 비판과 전복적 사유를 보여주는 에콜의 탄생을 기대해보자. 지금으로서는, 아마도 문사가 그러한 가능성에 가장 근접한 문학적 에콜이 아닐까 생각된다.

5. 글을 맺으며―아름다운 성찰을 위하여

지금까지 전개해온 성찰과 반성, 자기 비판에 대한 모든 논리로부터, 이 글을 쓰는 내 자신도 자유롭지 못하다는 사실은 명백하다. 사실 이 글은 내 자신 속에 존재할 수도 있을 어떤 불길한 욕망과 대화하는 심정으로 씌어졌다. 이러한 의미에서 이 글의 대상이었던 강준만과 김정란, 문사의 편집동인들은 내 자신의 욕망을 투명하게 드러내는 일종의 거울이라고 할 수 있지 않을까. 좀더 솔직히 말하면, 내가 비판한 그들의 어떤 부분 중에는 내가 그들의 입장이었더라면 그들과 비슷한 방식의 논리를 보이지 않았을 것이라고 잘라 말하기 힘든 대목도 있었다. 그렇지만 나는 비판을 해야 했고, 기어이 비판을 했다. 더욱 중요한 것은 지금 그들과 내가 다른 위치에 있고 다른 입장을 가지고 있다는 사실이 아닐까. 그 다름을 성실하게 드러내는 것이 열린 대화이리라. 이를테면 유태인이었기 때문에 더 많은 것을 보고 느낀 유태인 사상가처럼, 나는 남과 다른 나의 독특한 비평적 위치를 나만이 할 수 있는 발언으로 구체화시켜야되는 것이 아닐까. 이 점은 한 사람의 비평가로서의 나의 고유한 역할이자 의무이다. 이러한 생각이 없었다면 이 글은 씌어지지 않았을 것이다.

아울러 다음의 두 가지 이유도 내가 그들에 대한 비판을 감행한 중요한 이유이다. 첫 번째는 최소한 미래의 내 자신이, 스스로 비판한 텍스트의 방식을 되풀이하는 모순을 저지르지 않기 위한 다짐으로, 두 번째는 그들과의 열린 대화를 통해, 내 자신의 한계와 편향을 깨닫기 위한 방편으로. 그러한 과정을 통해, 지금 씌어지는 이 글의 논리에 대해서도 나는 다시 성찰해야 하리라. 진정한 의미에서의 자기 성찰에 이르기 위해서는 얼마나 치열한 자기 부정과 투명한 자기 응시의 과정을 거쳐야 하는 것인지! 궁극적으로 성찰의 문제는 어떻게 사는가의 문제와 연관될 것이다. 아마도 나는 숙명적으로, 글을 쓸 때마다 지금 이 글을 떠올리게 될 것이다. 어떤 의미에서는, 이전에 자신이 쓴 글

에 구속당하는 것이 글쓴이의 운명이 아닐는지. 그 구속을 '아
름다운 성찰'로 되돌려 놓는 것이 나의 희망이다. 그러한 희망
마저도 없다면, 나는 구태여 글을 쓸 필요가 없을 것이다. 성찰
이 중단되는 순간, 아무런 미련 없이 글쓰기를 그만두도록 하자.
그때 나는 어느 이름 모를 포구를 배회하리니. 이렇게 말하는
내 마음에는 어떤 자유로움의 물결이 파동치는 듯 하다.

(『문예중앙』, 1999년 가을호)

제7장
비판과 성찰 사이

1998년 여름의 비평 일기

1. 들어가는 말

「비평과 권력」(『리뷰』, 1998년 여름호)이라는 평문을 발표한 후에 참으로 많은 생각을 했다. 그 평문에 대한 다양한 반응들을 내 비평적 육체 안으로 집어넣으면서 나는 내 '자신'이 서서히 변화하기를 열망했다. 우연의 일치이지 모르겠지만, 지난 계절의 평단은 참으로 근원적이며 민감한 주제에 대한 신랄한 논쟁이 오갔다. 그 소용돌이 속에서 혹은 그 소용돌이의 외각에서 나는 비평, 비평가, 비평논쟁, 좀더 구체적으로는 내 자신의 글쓰기에 대한 성찰을 수행했다. '비판'은 자연스럽게 '성찰'을 동반한다. 그 성찰의 과정에서 나는 강준만·김영민·조동일·복거일·정과리·가라타니 고진 등과 끊임없이 대화를 시도하면서 내 자신의 투명한 욕망을 해부해 보기도 했다. 이 단상 형식의 글쓰기는 비판과 성찰 사이에서 고민했던 사유의 자유로운 집적물이다. 때로는 비체계적인 단상이 정교하게 짜여진 완결된 형식의 글쓰기보다 진솔하고 명징한 사유의 흐름을 보여줄 수 있으며, 아울러 한결 치열한 실존의 내면을 묘사할 수 있는 것이 아닐까?(중간중간에 사소한 삶의 풍경을 끼워 놓은 이유는 바로 이러한 내 나름의 생각에 근거한다. 이러한 시도가 성공적이지 못하다면, 그것은 당연히 필자의 책임이다) 해서, '김영현 논쟁' 이후 8년 만에 이러한 단상 형식의 글을 다시 써 본다. 이러한 점은 나의 비평 쓰기가 어떤 '위기'에 이르렀다는 사실의 또 다른 증거에 다름 아닐 것이다. 이제 나는 그 위기와 정면대결 할 수밖에 없을 것이다.

2. 비평과 논쟁

내 지식의 한도 내에서 보자면, 한국 현대비평사에서 '비평'이라는 장르가 축복과 선망, 만족의 대상이었던 적은 한 번도 없었던 것으로 기억된다. 비판과 평가를 그 주요한 임무로 하는 비평이라는 장르는, 그 비판과 평가가 엄정하게 수행되는 한, 결코 모든 사람의 이해관계를 충족시킬 수 없다. 그것은 비평 장르의 숙명이며 본질이다. 바로 그렇기에 비평은 서로의 욕망과 관점들이 적나라하게 충돌하고 융합되는 용광로에 비유될 수 있다. 이러한 의미에서 비평은 항상 위기를 통과해 왔으며, 수시로 치열한 공격과 논쟁의 대상이 되어 왔다. 비평은 '위기'와 '논쟁'을 잡아먹으면서 생존하는 특이한 장르가 아니겠는가. 지금 비평이라는 이름의 용광로가 어느 때보다도 맹렬하게 불타오르고 있다. 그 전에는 그냥 암묵적으로 넘어가던 주제들에 대한 신랄하면서도 소신 있는 혹은 천박하면서도 근원적인 문제제기가 이루어지고 있다(물론 때로는 '비판을 위한 비판', '논쟁을 위한 논쟁'의 모습이 나타나고 있다. 그러나 이러한 사실이 논쟁과 비판 자체의 중요성을 근원적으로 훼손시키는 것은 아닐 것이다). 그러니까 그전에는 모두 문제점을 인식하면서도 의례적으로 봉합되던 불합리한 비평적 관행이 이제 공적인 논의의 마당에 등장한 것이다. 일단 토론이 활성화된다는 것은 그렇지 않은 것보다는 바람직하다. 왜냐하면 정과리의 지적대로 "토론의 부재는 자생적 성장의 가능성을 제로치로 추락시키"기 때문이다. 토론과 논쟁에 대한 냉소, 그리하여 "입장이 다르면 외면하고 무시한다. 비판을 안 하는 것은 아닌데 내부는 들여다보지 않고 거죽만 열심히 때린다. 얘기할 가치가 없다는 것이다"(정과리)라고 표현될 수 있는 정황이 결국 지금 우리 지식인사회의 어떤 고질병 혹은 '비평의 위기'를 낳은 중요한 원인이 아닐까? 이제 새로운 토론과 논쟁의 물꼬가 활짝 트였다. 중요한 것은 타자와 최대한 진솔한 자세로 논쟁하는 태도이다.

지금까지 설명한 의미에서 한국 비평은 어떤 임계점에 도달한 것이 아닐까? 정작 중요한 비판들을 술자리에서나 허심탄회하게 전개하는 풍토를 극복할 수 있을 때, 그리하여 서로에 대한 성실하고도 본격적인 문제제기를 통해 자신을 성찰할 수 있을 때, 한국비평은 새로운 도약을 할 수 있으리라.

3. 기질

오후 내내 집안에 틀어박혀 있었다. 하루만 집안에 박혀 있어도 세상과 바깥을 향한 내 호기심은 육체를 고문한다. 나는 정말 끈기 있는 학자나 문필가가 결코 될 수 없는 피를 타고 난 것은 아닐까? 나의 천성적인 조급성과 새로움에 대한 갈망에 대해서 생각해 본다. 아마도 사나흘 정도가 내가 집안에서 견딜 수 있는 가장 긴 시간이 아닐까. 이 어쩔 수 없는 정신적인 '유목민 기질' 혹은 '망명자 정서'. 혹시 나는 내 적성을 근원적으로 잘못 찾은 것이 아닐까 하는 생각이 갑자기 가슴을 때린다. 조정래 선생은 「한강」의 집필을 위해서 다시 몇 년이 될지도 모르는, 기약 없는 '글 감옥'으로 들어갔다는데, 나는 과연 그렇게 할 수 있을까? 그때그때 나오는 작품집도 제대로 못 챙겨 읽는 나를 비평가라고 할 수 있을까? 작년 이맘때, 흠뻑 비를 맞으면서 거닐었던 퀘벡(Quebec)의 구(舊)프랑스풍 시가지가 눈에 선한데……

4. 비평의 운명

비평가에게도 '운명의 표정'이라는 것이 있다면, 아마도 나에게는 「신세대 문학에 대한 비평가의 대화」(『문학과사회』, 1997년 겨울호)를 발표한 것이 바로 그러한 예에 해당하지 않을까 싶다. 그 글의 파장이 지금 쓰는 이 글에까지 미세하게 영향을 미치는 것은 아닐까? 만약 『문학과사회』 편집진이 나에게 김설과 김연경의 소설에 대한 리뷰를 청탁하지 않았다면 혹은 청탁하더라도 다른 책을 권유했다면, 나의 '비평적 실존'은 지금과는 조금 다른 풍경을 보여주고 있지 않을까? 아울러 그 글에 대해 "전략적으로 행해지는 자객의 글쓰기가 비평이라는 이름으로 횡행하는 것은 매우 위험한 일이 아닐 수 없다"는 식의 천박하고 폭력적인 대응이 없었다면, 역시나 이 글과 「비평과 권력」은 조금 다른 방식으로 쓰어지지 않았을까 싶다. 물론 그러한 표현은 내 비평의 어떤 한계에서 연유했을 수도 있지만, 10여 년이 넘게 문학비평가라는 이름을 달아 온 나의 글쓰기를 전면 부정하는 표현에 대해 나는 어떤 식으로든지 대응하지 않을 수 없었다. 그러니 지금의 내 비평적 실존은 사소한 우연의 집적에 의해서 형성되었다고 볼 수도 있을 것이다.

그러나 다시 생각해 보니, 이러한 생각은 나의 비평적 도정을 지나치게 운명적으로 바라보는 것이 아닌가 하는 느낌이 든다. 『리뷰』 초창기에 연재된 일련의 글들과 작년 여름과 가을에 발표된 「PC통신과 비평의 역할」이나 「비판의 두 가지 방식」을 접한 사람이라면 내 비평적 문제의식이 어떤 뚜렷한 방향성을 지니고 있다는 사실을 인식할 수도 있지 않을까? 이러한 면에서 보자면, 나의 글쓰기는 언젠가는 『문학과사회』나 『창작과비평』 혹은 『세계의문학』의 어떤 부분과 파열을 일으킬 수밖에 없다고 보는 것이 지금의 비평적 입장에 대한 한결 합리적인 해석이 될 수 있으리라.

사실 「신세대문학에 대한 비평가의 대화」를 발표하기 전까지 나는 비평가로서의 열정을 많이 상실하고 있었다. 이름하여 '비평에 대한 환멸'. 그러나 그 글이 발표된 후의 일련의 반응들이 내게 비평에 대한 새로운 열정과 의욕을 지니게 만들었다는 사실은 참으로 아이러니컬한 일이 아닐 수 없다.

5. 개성적 글쓰기

김영민의 『손가락으로, 손가락에서』의 서평을 쓰기 위해서, 『탈식민성과 우리 인문학의 글쓰기』를 읽으면서 메모했던 구절들을 다시 펼쳐보았다. 그 중에서 아래 구절들이 유난히 눈에 띈다.

> 나는 우선 편의상 '개성적'이라고 부를 수 있는 글쓰기의 방식을 권려하고자 한다. 사실 개성적 글쓰기는 문학비평의 문체적 기법으로서, 1980년대에 철학적 이론들과 메타서사가 시드는 경향을 타고 응성해졌는데, 비평가 자신의 자아와 소속의 터를 명시적으로 노출시키는 방식을 말한다. 문학비평의 분야에서 제기된 개성적 글쓰기 방식과 그 정신에는 나도 원칙적으로 동의를 표하는 편이다. 지은이의 개성을 은폐함으로써 그 글의 권위가 살아난다고 믿는 글, 주변을 산뜻하게 도려내 버리고 중심이 되는 메시지만을 명료하게 직조함으로써 학문성이나 진리를 보장할 수 있다고 믿는 형태의 글들이 근대성의 지면을 지배해 왔다. 서구의 팽창주의와 학문의 사대주의 사이에서 샌드위치가 된 이 땅의 학인들은 자신들을, 우리들을 그리고 이 땅을 체계적으로 은폐하는 '비개성적' 글쓰기를 고집함으로써 하이데거나 마르크스 따위의 승인을 얻을 수 있었고, 지금까지도 적지 않은 이들은 자신의 줏대와 창의성을 팔아 '학문성'을 구걸하고 있다.

담론의 구사 방식에서 부분적인 과장이 포함된 진술이지만, 내가 지속적으로 고민해 왔던 주제에 대한 김영민의 주장을 접하니, 지금까지 다소 막연하게 다가왔던 글쓰기에 대한 생각이 한결 명료하게 정리되는 기분이다. 글쓰기 역시 삶이 그러하듯이, 내 방식대로 진행할 수밖에 없다는 생각을 하게 된다. 이제는 정말 어떤 소신을 가지고 나만이 쓸 수 있는 비평을 지속적으로 써야 하리라. 지금이야말로 '좋은 익숙함보다는 나쁜 새로움'을 선택했던 브레히트의 성찰이 우리 비평계에 절실히 필요한 것이 아닐까? 다만 진정한 개성적 글쓰기는 이른바 '논문 형식'에 대한 철저한 장악과 재구성을 통해 탄생할 수 있다는 사실에 대한 인식이 다시금 필요할 듯.

김영민이나 강준만의 혁신적인 글쓰기를 비판하는 것은 어렵지 않을 것이다. 정작 어려운 것은 그들과 같이 혁신적인 글쓰기와 비판적인 글쓰기를 온몸으로 실천하는 일이다. 나는 과연 그렇게 할 수 있을까? 콜럼부스의 달걀을 상기할 것. 다만 그러한 결의가 천박한 '무대뽀 정신'으로 전락하는 것을 철저히 경계하자. '비판'이 자동화되는 어느 순간, 그 비판이 얼마나 지리멸렬해지는가에 대해서 성찰할 것.

6. 이균영 선생이 생각나는 밤

밤 9시쯤이 되면, 모두 20여 개의 연구실이 있는 7층 연구동에는 불 켜진 연구실이 서너 개정도 남는다. 10시가 되면 한두 개로 줄어든다. 특별한 약속이 없는 한, 그 한두 개 속에 내 연구실이 포함되는 나날들이 요 몇 주간 계속되고 있다. 몇 가지 작업 때문에 당분간 그러한 날들이 지속될 듯. 혼자 있는 시간을 최대한 합리적으로 활용할 것.

　요새는 나의 술친구 J선생도 무척이나 바쁜 것 같다. 벌써 며칠째 그는 연구실에 없다. 먼저 간 이들은 과연 지금 어디에 있는 것일까? 가정? 술집? 학술모임? 인간이 지닌 근원적인 개별성에 대해서 생각해 본다. 홀로 연구실에 있다가 복도 창문 밖으로 내다보이는 월곡동의 밤 풍경과 남산 타워를 바라보면, 인생의 덧없음에 눈물겨워진다. 고(故) 이균영 선생이 생각나는 밤이다. 그는 8층의 수호신이었지.

7. 박혜경 비판

　언뜻 스쳐 읽었던 박혜경의 「필사적으로 '나'를 찾아서」(『문학과사회』, 1998년 여름호)를 다시 정독했다. 나는 전반적으로 박혜경의 성실하고 유려한 글쓰기를 높이 평가한다. 그런데 다른 한편으로, 그의 글쓰기에서 나타나는 모범생적인 단정함이 안타깝게 느껴지는 이유는 무엇일까? 그 단정함의 미학을 깊이 파헤치면 무엇이 보일까? 이번에 그가 발표한 글이 「신세대문학에 대한 비평가의 대화」에 대한 필사적인(?) 반론의 성격을 띠고 있다는 점은 분명하다.

박혜경의 글을 읽고 생각한 것 두 가지. 그는 각주에서 작품에 대한 평가가 '비본질적이고 주변적인 이유'나 '작품 외적인 요소'에 의해서가 아니라 '작품 그 자체의 질적 수준'에 대한 평가를 통해서 이루어져야 한다고 주장하고 있다. 실명을 밝히지 않은 채, 일반론을 개진하는 그의 논의는 일단 그 자체로 수긍될 수 있다. 그러나 더욱 중요한 것은 작품 외적인 요소와 작품의 질적인 평가가 서로 스며들고, 영향을 주고받는 구조적 현상에 대한 깊이 있는 파악이 아닐까. '작품 외적인 요소'와 '작품 내적인 요소'가 칼로 무 베듯이 선명하게 구분될 수 있는지도 의문이지만, 과연 박혜경의 주장대로 한 작품에 대한 평가가 그렇게 순수하게 작품 내적으로만 이루어질 수 있는 것일까? 물론 작품 내적인 평가가 객관적으로 작품의 문학성을 담보할 수 있으면 좋으련만, 현실은 결코 그렇지 못하다. 한 작품이 담보하고 있는 문학성을 확대 해석하는 출판자본의 전략, 섹트주의가 작품 평가에 미치는 편협한 자기동일성의 실체 등등에 대한 면밀한 고려 없이, 단순히 한 작품을 작품 내적인 요소로만 읽자고 주장하는 것은 그 자신이 속한 에콜의 이해관계가 '작품의 질적 평가'에 미치는 분명한 영향력에 대한 성찰을 중단하고 있는 것이 아닐까?

진부한 얘기지만 문학성이라는 것이 선험적이며 내재적인 형태로만 존재하지 않는다는 사실에 대한 인식이 다시금 필요하지 않을까. 오히려 문학성은 문학적 전통, 작품 자체의 질, 출판 자본의 전략, 당대 사회를 둘러싸고 있는 지식사회학적 정황, 비평가의 선이해(先理解)와 비평적 전략, 비평가가 소속된 에콜의 입장 등 다양한 요소가 치열하게 맞부딪치는 과정을 통해 구성된다. 우리는 이미 작품 뒤에 붙어 있는 해설류의 비평문들이 때로는 그 작품의 문학성을 교묘하게 침소봉대(針小棒大)한다는 사실을 분명히 인지하고 있지 않은가.

박혜경의 평문을 읽고서 생각한 또 한 가지는 '과연 비평의 기능은 무엇인가' 하는 근원적인 테마이다. 비평의 가장 중요한 기능이 문학성에 대한 냉철한 판별과 비판이라고 할 수 있다면, 평가와 비판이 실종된 비평의 역할은 무엇인가? 박혜경은 김연 경과 김설의 작품에 대한 해석에 '근대적 기획', '삶의 정체성', '자아의 존재론적 근거', '분열하는 자아', '근대적 자아', '언어 적 허구의 공간', '담론적 욕망', '자아라는 환상의 복원', '자의 식의 투쟁', '타인과의 매혹적인 합일의 체험', '환멸의 정서', '시뮬레이션의 세계', '패러디적 상황' 등등의 풍요롭고 현란한 비평 언어를 구사하고 있다. 그 유려한 문체와 현란한 표현들은 박혜경의 소중한 자질일 수도 있다. 그러나 비평에서 그러한 요 소보다 더욱 본질적인 것은 대상 작품의 문학사적 맥락에 대한 '비교와 평가'를 통한 '문학성의 판별'과 '비판'이 아닐까. 그러 므로 그것이 예리하고 제대로 된 비평이라면, 어떤 작품이 근대 적 주체를 반성하며 환멸의 정서를 보여준다는 사실 자체보다는 그러한 주제가 작품에서 얼마나 깊이 있게 문학적으로 형상화되었는가, 또 그러한 시도가 다른 작품에 비하면 어떠한 성취와 한계를 지니고 있는가 등의 물음들에 대하여 최소한도로 답해야 하지 않을까 한다. 이러한 의미에서 박혜경의 글은 '비판'과 '평가'가 결여된 '텍스트 물신주의'에 함몰된 비평에 가까운 것이 아닐까? 그러한 식으로 비평을 쓰자면 어떤 삼류 홍콩 영화에 대해서도 현란하고 매혹적인 비평언어의 성찬을 펼쳐낼 수 있을 것이다.

정교한 분석정신과 현란한 비평언어는 그 취지에 적합한 탁월한 작품을 만났을 때, 한결 빛나는 법이다. 그렇지 못했을 때, 그 분석은 과연 무엇을 위한 분석일까?

나는 이 시대의 비평 환경에는, 문학적 질에 대한 '비판'과 '평가'를 냉철하게 수행하지 않는, 텍스트 분석 위주의 수사학적 비평가들을 그 자신의 의도와 관계없이 특정한 문학적 에콜의 들러리로 전락하게 만드는 부분이 있다고 생각한다. 텍스트 분석이 비평에서 대단히 중요한 과정이라는 사실을 부인할 비평가는 없을 것이다. 그리고 뛰어난 텍스트 분석비평이 한국비평의 풍요에 결정적인 보탬이 되었다는 사실을 우리는 기억한다. 그러나 그와 별도로 지금과 같이 섹트주의가 만연하고 있는 정황에서는, 공허한 텍스트 분석 비평보다는 차라리 별의 수로 작품의 질을 판별하는 영화저널의 비평방법이, 그 명백한 한계에도 불구하고, 작품의 질에 대한 솔직하고 냉엄한 평가를 보여줄 수도 있는 것이 아닐까? 별의 숫자를 냉철하게 관리하는 것 자체가 비평가의 '비평적 생존'과 직결되기에(물론 이러한 바램은 쉽게 구체화될 수 없을 것이다. 텍스트 분석이라는 미명 하에 너무나 주관적인 비평들이 난무하는 비평적 현실에서 나온 '농담 아닌 농담'으로 받아들여주길 바란다).

나는 박혜경의 비판과 매력적인 비평언어가 때로는 주류적인 질서를 과감하게 전복하는 아방가르드로 기능하기를 기대해 보고자 한다. 그의 유려한 문체와 단정한 사유가 냉철한 비판과 만난다면, 그의 비평은 지금보다 한결 중요한 역할을 수행할 수 있을 것이다. 그것은 그가 단정한 모범생 의식을 얼마나 성공적으로 탈피하여 '비평가로서의 주체성'을 어떻게 확보하느냐에 달려 있지 않을까 싶다. 그가 진정한 비평적 주체성을 확보하기 위해서는 때로 '자신이 속해 있는 에콜의 이해관계'마저도 반성적으로 사유하는 냉철함이 요구될 것이다. 그는 과연 그렇게 할 수 있을까?

8. 자기 성찰

최근에 나는 '반성'·'성찰'·'전복'·'탈주' 등의 표현을 자주 사용하고 있다. 그러나 정작 나는 진정으로 내 자신의 글쓰기에 대해서 근원적으로 성찰하고 있는 것일까? 과연 나 스스로 타자에 대한 비판을 시도하면서 자신에 대한 비판에 엄격한 것일까? 하는 질문을 던져본다. 이러한 의미에서 고백하자면, 내가 최근 몇 년 동안 쓴 글 중에서 가장 부끄럽게 생각하는 평문은 「현단계 비평의 쟁점과 젊은 비평의 가능성」이다. 물론 그 글이 나의 다른 어떤 글보다도 다소 거친 표현들을 구사하고 있지만, 기본적인 논지를 수정할 생각은 없다. 다만 그 글에서 내가『상상』의 편집위원 김탁환의 비평적 궤적을 비판하면서 그의 필명과 연관된 루머를 구체적으로 확인하지 못한 채, 그의 비평을 비판하는 논거로 원용한 것은 명백한 실수였다고 생각된다. 뒤늦게나마, 이 점을 김탁환 씨에게 공개적으로, 진심으로 사과드린다(나는 글이 발표된 직후에 이미 개인적 서한을 통해서 그에게 이러한 내 뜻을 전한 바 있다).

지난 몇 년간 나는 이 문제 때문에 마음이 편치 못했다. 아마, 내가 비평가로 활동하는 한, 이 상처를 결코 잊지 못하리라. 그러나 이러한 이유로 인해 김탁환과『상상』에 대한 비판의 유효성 마저 수정할 생각은 없다. 그것은 다른 차원의 문제이기 때문이다. 그 글을 전후한 문학사적 맥락을 정확히 인지하는 사람이라면, 다른 대상에 대한 비판에 비해, 왜 내가 유독『상상』진영에 대한 비판에 상대적으로 신랄한 표현들을 사용했는지 이해할 수 있을 것이다. 다만 '비판'이 얼마나 위험한 글쓰기 양식인가를 뼈저리게 깨달을 수 있었던 점이 그 글이 나에게 가져다

준 진정한 교훈이리라.

9. 차안에서 듣는 음악에 대해*

　출퇴근하는 일에 즐거움이 있다면, 내 경우 그것은 단연코 음악과 함께 한다는 사실에서 비롯된다. 학교로 갈 때는 늘상 KBS 제2FM과 함께 하며, 집으로 향할 때는 주로 KBS 제1FM에 다이얼을 맞추게 된다. 오전에 학교로 향하면서, 대개는 '유열의 음악 앨범'을 선택한다. 나와 비슷한 세대이며, 유사한 감수성을 지니고 있기에 그의 말 한 마디 한 마디(물론 그 대부분은 작가가 써준 것이겠지만)가 나에게 의미 깊게 다가오는 듯싶다. 밤 9시 50분쯤에 연구실에서 집으로 향할 무렵이면 '정다운 가곡'이 흐르고, 곧이어 10시부터는 이규원 아나운서가 진행하는 '당신의 밤과 음악'이 한밤중의 고요한 차안을 휘저어 놓는다. 이 프로그램의 백미는 '서남준의 음악여행'이다. 서남준은 음악이 얼마나 섬세한 예술이며, 얼마나 문학적인 예술인가 하는 점을 무척이나 구수한 이야기로 풀어낸다. 그에게는 인생의 수많은 고비를 음

---

* 이 글은 1998년 여름에 씌어졌다. 2000년 12월부터 필자는 '차'를 버리고 대중교통(지하철)을 애용하고 있다. 차를 몰 때는 느끼지 못했던 사소한 풍경들을 음미하는 자유를 다시 얻었다.

악과 함께 한 '위대한 연륜'이 느껴진다. 영화음악의 귀재 엔니오 모리꼬네(Ennio Morricone)를 다룬 오늘밤은, 오랜만에 「미션(Mission)」의 「가브리엘의 오보에(Gabriel's Oboe)」를 들으면서, 음악과 영화와 종교에 대해서 사유해보는 소중한 시간으로 채워졌다. 비 오는 날 밤에 차를 몰면서 '가브리엘의 오보에'를 다시 들어볼 것!

10. 진솔함에 대하여

자기 성찰이라는 화두와 연관하여 이성복의 「액자 속의 사내를 찾아서」(『이성복 문학앨범—사랑으로 가는 먼 길』)를 다시 읽었다. 책읽기에 '궁합'이라는 것이 있다면, 이성복의 글은 나에게 마치 맞춤구두처럼 너무나 잘 맞는 편이라는 점에서 나와 절묘한 궁합의 관계에 있다고 할 수 있으리라. 그의 사유의 궤적과 마음의 결이 나에게는 김윤식 선생의 표현을 빌자면, 마치 "물이 물속으로 흐르듯이" 자연스럽게 다가온다. 다소 나르시시즘적인 취향이 없는 것은 아니지만, 자신의 삶과 글쓰기를, '그'라는 3인칭의 시점으로, 참으로 진솔하게 풀어놓은 「액자 속의 사내를 찾아서」를 읽으면서, 나는 이성복의 진정한 매력은 가열한 '자기 성찰'에 있다는 사실을 새삼스럽게 인식할 수 있었다. 이를테면 다음과 같은 표현들을 보라!

따지고 보면 고등학교 일 학년 후반부터 시작된 철학이나 문학에 대한 관심은 '출세지상주의자'로서의 자신의 태도에 대한 전면적인 부정에서 나온 것이었음에도 불구하고, 동일한 '야심'의 간접적이고 은밀한 형태라고 할 수 있다.(143면)

평상시 그는 자신이 무척 다정다감한 사람이라고 생각하지만, 때로 자신의 냉혹함과 비정함의 단적인 증거 앞에서 당혹하며, 평소 소심하고 연약하기 짝이 없는 그가 돌연히 남들의 기대와 예상을 뒤엎고 얼토당토않은 짓을 저지르거나 저질렀다는 것을 뒤늦게 알아 차렸을 때, 그 자신에 대해 놀라지 않을 수 없었다.(154면)

아마도 한때 그와 사귄 적이 있었던 여자들은 어느 날 밑도 끝도 없이 그의 마음이 싸늘하게 식어 버리고 자기들과 아는 체조차 하지 않는 것을 보고 무척이나 당혹했으리라. 그는 그런 인간이었다. 그 자신 또한 그처럼 변덕스럽고 야비한 태도가 그들의 가슴속에 얼마나 깊은 상처를 파 넣는지 잘 알고 있었다. 그러나 그에게는 그들로부터 자신의 비정함을 숨길 수 있는 최소한의 용기도, 예의도 없었다. 그는 그런 인간이었다. 그가 남에게 받은 상처는 남에게 준 상처에 비할 바가 못 된다.(143면)

나는 이러한 표현들을 읽으면서 가슴이 뜨끔해지는 것을 느낀다. 나 역시 이성복이 자신에 대해서 느꼈던 그러한 비애의 감정을 뼈저리게 체험한 적이 있었다. 자신의 약점과 편향마저도 한편으로는 의뭉스럽게, 또 다른 한편으로는 냉철하게 응시하는 이러한 성찰이 사실 나를 포함한 우리 비평계 전체에 요구되는 것이 아닌가 생각된다.

물론 자신에 대한 겸손과 성찰이 왜곡된 선민의식의 포즈나 나르시시즘의 한 형태일 수도 있으리라. 생각해 보면 '자기 성찰'과 '나르시시즘'은 동전의 양면과 같은 관계일지도 모른다. 그러나 그 포즈와 나르시시즘마저도 성찰의 대상으로 삼는 자세가 이성복의 글에 스며 있다. 이러한 면에서 의외로 이성복은 강준만과 유사하다. 강준만은 자신의 신랄하고 소신 있는 비판이 대학교수라는 직업 때문에 가능했음을 부인하지 않는다. 그는 자신이 국립대 교수라는 안정된 직업을 가지고 있지 않았더라면, 아마도 지금과 같은 글을 쓸 수 없었을 것이라고 고백하면서, 이러한 자신에 실망하는 것은 독자들이 자신을 너무 높이 평가하고 있기 때문이라고 말한다. 한마디로 자신은 지극히 평범하고 기회주의적인 사람이라는 것이다. 이 자신만만한 솔직함을 어떻게 보아야 할까? 그는 혹시 그 솔직함을, 타인을 신랄하게 비판하기 위한 무기로, 즉 '의도적인 방패막이'로 사용하는 것은 아닐까? 나는 이렇게 솔직한데 너는 뭐냐 식의 담론이 그의 전략이 아닐까?

그러나 이러한 사실이 강준만이 수행하는 작업의 근본적인 의의를 결정적으로 훼손시킨다고는 볼 수 없을 것이다. 그가 어떤 기성 제도와 권력의 눈치도 보지 않은 채, 홀로 소신 있는 작업을 수행하고 있다는 정황이 자기 자신에 대한 어떤 확신과 자기 격려, 자존심을 절실하게 요구할 수도 있기 때문이다. 진솔함은 그러한 자신감의 또 다른 표현일 것이다. 그러한 자신감과 자기 확신 없이 어떻게 제대로 된 비판을 수행할 수 있겠는가. 나는 그러한 강준만의 입장을 충분히 이해하며 존중한다.

좀더 근본적으로는 국립대 교수라고 해서 모두가 강준만과 같은 소신 있는 글쓰기를 보여주는 것은 아니지 않은가. 그러므로 강준만의 글쓰기에서 발견되는 몇몇 약점들을 가지고 그의 글쓰기를 전면 부정하는 것은 더욱 위험한 일일 것이다.

나는 기본적으로 강준만의 입장을 '비판적으로 지지'한다.

그렇다면 나는 어떤 편일까? 내가 만약 대학교수가 아니라면 나는 지금과 같은 비판을 수행할 수 있을 것인가? 만약 내가 『문학과사회』의 편집동인이라면, 김설이나 김연경의 작품에 대해서 어떻게 비평했을까? 이러한 질문에 대해서 마음 속 깊은 곳까지 성찰해 보면, 나는 한 점 부끄러움 없는 대답을 할 자신이 없다. 나 역시 평범한 사람이며, 관점에 따라서는 기회주의적으로 보일 수도 있는 행동을 했으리라. 다만, 내가 지키고자 하는 최소한의 원칙은 있다. 지금은 그만둔 M출판사의 편집위원으로 있으면서, 나는 그 문학적 가치에 대해 흔쾌히 신뢰하지 않았던 작품에 대한 리뷰와 해설을 쓴 적이 한 번도 없었다는 점과 '비판'과 '전복'은 『리뷰』 창간호부터 내 자신의 중요한 비평적 화두였다는 사실은 밝혀두고 싶다. 이렇게 말하는 순간, 이러한 자기 확인도 나르시시즘의 일종이 아닐까 하는 생각과, 때로 황량한 벌판에서 홀로 외롭게 글쓰는 사람에게는 자기 격려와 나르시시즘이 필요하기도 하다는 생각 사이에서 흔들리는 나를 발견한다.

경우에 따라서는, 나라는 주체가 구사하는 진솔함의 전략조차도 재차 의심하고 성찰해 볼 것. 자기 부정을 통해서 자신을 세울 것. 정말 수많은 생각들이 스치고 지나가는 밤이다.

11. 제목이 바뀌다!

학교 우편함에서 뒤늦게 부쳐온 『리뷰』를 발견하고 반가운 마음으로 뜯어보았다. 그런데 웬일일까? 내가 쓴 평문의 제목이 처음과 달리 바뀌어 있는 것이 아닌가. 분명히 나는 제목을 「비평과 권력」이라고 달았는데, 정작 『리뷰』에 나와 있는 제목은 「문학적 권력에 대한 욕망과 그 권력 관리의 음험한 전략」이었다. 언어의 뉘앙스는 너무나 섬세해서 조사 하나 바꾸는 것만으로 필자의 의도가 완전히 바뀌기도 하는데, 이번 경우 역시 그러한 점에서 예외가 아닐 것이다. 마치 내가 문학적 욕망이나 권력으로부터 완전히 자유로운 상태에서 천박한 권력과 욕망을 가진 사람들을 용감하게(?) 고발하는 느낌을 주는 제목이 아닌가. 나는 그렇게 용감한 사람이 아니다. 편집부에 전화를 해보았더니, L과의 커뮤니케이션에 문제가 있었던 것 같다. 그렇다 하더라도 바뀐 제목에 대해서 나하고 상의 정도는 해야 되지 않았을까. 물론 L이 다른 의도로 제목을 바꾸었다고 생각되지 않지만 이번 체험은 이제 우리의 지성계와 문화계에서 '센세이셔널리즘'이 무의식적으로 작동하고 있다는 사실을 인식케 만들었다.

12. 타인의 시선에 비친 나

하이텔 문학관(GO LITER)을 검색하다가, 이용욱(ID : icerain)의 흥미로운 글을 발견했다. 이용욱은 하이텔 문학관의 '문예비평' 게시판에 「각 문예지 여름호를 읽고서」라는 제목으로 최근에 활발하게 진행되고 있는 다양한 비평논쟁과 연관된 에세이를 올렸는데, 그 글에서 그는 한기·홍정선·『무애』 편집동인에 대해 언급하면서 마지막에 나에 대해서는 "어느 곳에도 속해 있지 않은 듯 보이면서도 다시 보면 어느 곳에나 다 속해 있는 듯 보이는, 어찌 보면 가장 자유로운 낭인 같기도 하고, 어찌 보면 가장 카멜레온적인 권력지상주의자 같기도 하고", "1990년대 문학비평의 치열한 전쟁터마다 권성우는 자신의 깃발을 세웠다", "권성우는 분명 자신의 칼을 동세대들에게 돌릴 만큼 천부적인 싸움꾼이다. 그래서 언젠가 꼭 내 손으로 베고 싶은 평론가이기도 하다" 등등의 표현을 사용하고 있다.

이용욱의 글을 읽으면서 타인에게 다가가는 나의 이미지에 대해서 생각해 본다. 타자가 내 글쓰기로 인해 형성된 일종의 편견과 선입관을 가지고 나를 바라보는 것은 그들의 자유일 것이다. 내 자신도 정확히 인식하지 못하는 나의 어떤 체질과 편견들을 그들이 발견할 수도 있으므로. 다만 타인들의 시각이 주관적인 선입견과 편견에 의해 형성된 것이라면…….

그러고 보니, 이상하게도 나는 비평논쟁에 자주 참여해 왔다는 사실을 새삼 느낀다. 그 논쟁들이 나의 이미지 형성에 커다란 영향을 미쳤으리라. 아는 사람은 이미 알겠지만, 사실 나는 '천부적인 싸움꾼'이나 '예리한 논객'이 되기에는 지나치게 멜랑콜리하고 낭만적이며 조급한 편이다. 또한 때로는, 가까운 지인의 표현을 빌리자면 '타인에게 부담감을 줄 정도로 대책 없이 순수하다'는 얘기도 듣는다. 물론 여기서 순수하다는 것은 타인들에 대한 섬세한 고려와 치밀한 전략적 사고가 부족하다는 사실의 또 다른 표현일 수도 있으리라. 내 글에 대한 이용욱의 관심은 고맙지만, 전반적으로 그는 자신의 선입견에 따라 내 글쓰기를 확대해석하고 있는 것이 아닌가 생각된다.

나와 내 글에 대한 무수한 사람들의 그 무수한 선입견들에 대해서 상상하면 갑자기 답답해진다. 곰곰하게 생각해보니, 내 글쓰기가 어떤 비평적 논점이나 화두, 민감한 쟁점에 대해서 정면으로 돌파해 가는 방식을 취했기에, 다양한 논쟁에 참여하게 되었으리라. 아니 좀더 냉철하게 말하면 내 가슴속의 피에는 때로 나도 명료하게 인식하지 못하는 어떤 논쟁적인 성벽이 흐르는 것이 아닐까? 바로 그러한 부분을 이용욱에게 들킨 것이 아닐까? 그것도 운명이라면 운명이겠지. 다만 타인의 글에 대해서 즉자적으로 반응하고 논쟁하고자 하는 '마음의 조바심'을 최대한 조심하는 것이 필요할 듯. 타인이 그 나름의 편견을 가지고 나를 바라볼 자유를 흔쾌히 인정하자. 영화「강원도의 힘」의 주인공 상권의 낙서처럼 '좀더 긴 호흡으로' 문학비평을 수행해 나가자.

그렇다면, 그토록 숱한 논쟁을 수행했던 임화의 열정과 욕망은 과연 무엇이었을까? 카프의 서기장이 아닌 한 사람의 비평가로서의 임화의 내면은 어떠했을까? 『광장』의 주인공 이명준처럼 그 역시 무엇보다도 외로워서 무수한 논쟁에 참여한 것은 아닐까? 논쟁을 통해서 자신을 확인하기, 이것이 임화의 비평적 전략이 아닐까. 그러면 나의 경우는?

13. 진정한 비판이란?

오랜만에 S와 대화를 했다. 역시나 내가 예상한 대로 김운하의 『언더그라운드』에 대한 <죽비소리>(『현대문학』)는 그가 썼다고 한다. 요즈음 『현대문학』을 보면서 생긴 새로운 취미 하나는 <죽비소리>의 해당 필자를 문체와 내용만으로 정확히 맞추는 게임이다. 이번 달에는 생각보다 힘들었다. 다른 필자들은 그런대로 그 문체와 내용만으로 알아볼 수 있었지만, S가 작성했다고 짐작한 <죽비소리>에는 S 특유의 재기 발랄한 언어구사와 예리한 지성이 성공적으로 표현되지 않았기 때문이다. 혹시 S가 지나치게 지면의 성격을 의식하고 자신의 개성을 죽인 것이 아닌가 생각했는데, 짐작대로였다. <죽비소리> 나름의 장점이 있겠지만, 그 정도의 비판적 표현도 서로 생산적으로 수용하지 않을 만큼 우리 비평계가 닫혀 있다는 사실을 <죽비소리>의 존재가 우울하게 보여주고 있다. 나는 원칙적으로 <죽비소리>가 필자의 실명을 밝히는 것이 옳다고 생각한다. '비판'이 진정으로 소중한 의미를 지니게 되는 경우는 비판하는 주체의 이름에 모든 자존심을 걸었을 때가 아닐까? S 역시 비평에 모든 운명을 걸었을 때, 그의 비평은 한 단계 도약하리라.

곧 씌어질 S의 학위논문이 냉철한 학문적 글쓰기와 예리한 비평적 감수성의 경계에서 어떠한 표정을 보여줄지 무척이나 궁금하다.

14. 독립적인 문예지

이런 문예지를 생각해 본다. 단행본 출간이나 신인 발굴, 출판사의 입장 등과 전혀 연관성 없이, 그 자체만으로 존재하는 문예지, 때로는 지난 호의 편집과 기획특집에 대해서 냉철하게 반성하는 「머리말」을 쓸 수 있는 문예지, 편집동인들끼리 서로 생산적인 논쟁을 주고받을 수 있는 문예지 말이다. 최근 유구한 전통을 자랑하는 문예지들이 교묘하게 상업주의나 섹트주의를 드러내는 것을 보면서 바로 그러한 문예지의 필요성에 대해서 더욱 절감하게 된다. 사실 아무리 양심적인 출판사라 하더라도, 일단 출판사가 지속적으로 생존해야 양서를 낼 수 있는 법이다. 나는 그런 출판사의 고뇌를 충분히 이해한다(이러한 의미에서 무책임한 상업주의 비판은 때로 상투적이다. 물론 그럼에도 불구하고 상업주의와 섹트주의에 대한 비판은 소신 있게, 지속적으로 추구되어야 할 것이다). 그러다 보니 때로는 문예지에 수록되는 비평이 그 출판사에서 발간되는 작품들에 대한 다소 편향적인 해석이나 자화자찬에 함몰되는 경우가 발생하는 것이다. 물론 의미 깊은 작품에 대해서 그 문학성을 적절하게 규명해 주는 비평도 당연히 필요할 것이다. 문제는 대개의 경우 이 두 가지가 엄밀하게 구별되지 않은 채 '비평의 혼란'을 가중시킨다는 사실이다.

양심적인 출판사나 후원인이 공정성을 최우선으로 생각하는 비평가들과 함께 출판사 자체의 이해관계로부터 완전히 독립적인 문예지를 만드는 것이 이러한 문제에 대한 유력한 대안이 될 수 있지 않을까? 『내일을 여는 작가』가 그러한 문예지가 될 수 있을까? 혹은 출판자본으로부터의 독립을 추구하는 비평가나 문인들이 월간 『인물과사상』식으로 자생적으로 유통되는 문예지를 만드는 것은 어떤가?

아울러 '비판의 제도화'가 자연스럽게 수행되는 문예지가 필요한 것 같다. 각 문예지들 사이의 섹트주의가 극심해지다 보니, 나름대로 공정한 '비판' 역시 그 순수성이 훼손되는 경우가 많으며 아울러 소신 있는 비판이 자연스럽게 허용될 수 있는 문학적 환경이 정착되지 못했다고 판단된다. 비판을 공적인 장으로 제도화하여 비판이라는 행위에 스스로를 단련시키는 과정이 우리 비평계에 필요한 것으로 보인다. 그러했을 때, 비판의 진정성이 담보된다면, 그 비판은 비판의 대상자에게 감정적으로 다가가지 않고 자신의 성장을 위해서 절실히 필요한 '생산적 대화'내지 '중요한 자극'으로 다가갈 수 있으리라. 내 비판의 대상자가 된 문인들이 내 비판을 과연 어떻게 받아들이고 있을까. 김연경처럼 내 비판이 좋은 문학적 자극이 되었다면 긍정적으로 받아들일 수도 있겠지만, 그렇지 않은 경우도 당연히 있으리라.

15. 리포트 읽기의 즐거움

학생들이 제출한 리포트 과제를 돌려주기 위해 하루 종일 리포트를 읽었다. 리포트 주제는 「초록물고기」와 「강원도의 힘」 중의 한 편을 골라서 영화평을 쓰는 것이다(애초에는 「8월의 크리스마스」도 대상에 포함되었지만, 풍요로운 해석이 나올 것 같지 않아 제외

했다). 다만 이 영화평은 필수적으로 세 단계의 과정을 거쳐야
한다. 첫 단계는 아무런 정보와 선입관 없이 영화를 보고 솔직
한 소감을 쓰는 것, 두 번째는 인터넷이나 PC통신의 영화동호회
에 올라와 있는 해당 영화에 대한 '타자'의 다양한 견해와 비평
가들의 견해를 참조하고 그에 대한 자신의 생각을 밝히는 것,
세 번째는 앞의 두 단계를 거쳐서 영화에 대한 자신의 관점이
어떻게 변모했는가에 대해서 서술하는 것이다. 요컨대, 타자의
비평적 견해가 자신의 영화감상에 미친 영향을 검토하는 리포
트인 것이다. 나는 이러한 리포트를 통해 유아적 주관주의에서
탈주하여, 타자의 견해를 성숙하게 수용하면서 자신의 편향을
인식하는 것이 예술 감상의 중요한 요소라는 사실을 학생들에
게 환기시키고 싶었다. 처음에는 이러한 의도를 그들이 제대로
이해하고 있을까 우려도 했지만, 막상 제출된 리포트들을 읽어
보니 대부분은 내 의도를 정확히 숙지하고 있었다. 그리고 상당
수는 참으로 성실하게 씌어진 리포트였다. 그 리포트들을 읽어
내려 가면서, 누군가의 생각을 변화시킨다는 것의 즐거움을 절
절히 느껴본다.

　또 하나의 리포트인 김윤식 선생과 고(故) 김현 선생의 예술기
행에 대한 독후감도 검토해 보았다. 수업시간에 그 책들과 예술
기행에 대해서 구체적인 설명을 해서인지, 역시 생각보다 성실
하고 좋은 리포트들이 많았다. 『섬』을 추천한 까뮈의 어투를 빌
리자면, 이제 처음으로 김윤식과 김현의 예술기행에 대해서 매

혹을 느끼며, 그 세계에 깊은 관심을 가져보고 싶다고 고백하는 학생들은 얼마나 행복한가. 그들의 영혼은 새로운 매혹에 대한 기대로 얼마나 가슴 설렐 것인가. 그 리포트들이 나를 15~16년 전의 막막한 시기로 되돌아가게 만들었다.

16. 맺는말 —'매혹'에서 '비판'으로, '비판'에서 '매혹'으로

첫 비평집 『비평의 매혹』을 출간한 지도 어언 5년의 세월이 흘렀다. 등단한 지 벌써 11년이 넘는 세월이 속절없이 흘러간 셈이다. 제때에 비평집을 발간했더라면 세 권쯤의 비평집을 발간했으리라. 그렇게 되지 못한 이유는 전적으로 나의 게으름 탓이다. 가능한 빨리 두 번째 비평집을 발간해야 하리라.

그러고 보니, 첫 번째 비평집을 분기점으로 하여 나의 비평적 관심과 화두가 '매혹'에서 '비판'으로 변모했음이 뚜렷하게 감지된다. 생각해 보면, 내가 비평가가 된 것은 『비평의 매혹』에서도 밝혔지만, 비평 장르 자체에 대한 '매혹' 때문이었다. 그러나 『리뷰』(창간호)에 비평을 연재할 무렵부터 내 비평문에는 '매혹' 대신에 '비판'·'전복'·'탈주'·'반성'과 같은 표현들이 자주 등장하기 시작했다. 그러한 전환은 당대의 문학에 대한 '비판적 개입'이 그만큼 절실하게 필요하다는 내 나름의 판단에서 비롯된 것이다. 우연의 일치인지 모르겠지만 아마도 그 즈음이 상품 미학을 근거로 한 비평과 출판자본의 입김이 본격적으로 기승을 부리기 시작한 시기가 아닌가 싶다.

하지만 그 과정에서 때로는 비판을 반드시 해야 한다는 일종의 '비판 강박증'에 빠진 적도 있었다고 기억된다. 일단 이러한 경직된 태도로부터 자유로워져야 할 것이다. 이제 나는 내 글쓰기가 다시 '매혹'으로 나아가기를 기대한다. 정말 나는 언제쯤, 당대에 생산되는 작품과의 불화를 청산하고 '매혹'으로 나아갈 수 있을까?(그런 작품에 대해서 나는 자발적으로 섬세한 텍스트 분석을 수행하게 되리라) 아마도 그때가 내 비평의 또 다른 분기점이 될 것이다.

석양이 기우는, 저물 녘 벌판 앞에 선 나그네의 심정으로 조금 씩, 조금 씩 나아가자.

(『내일을 여는 작가』, 1998년 가을호)

비평과 권력

1. 비평의 권력적 속성

그렇다, 비평은 권력이다. 다른 문학 장르에 비해서 '비평'이라는 장르가 본원적인 의미에서 '권력'과 밀접하게 연계된다는 사실, 아울러 이글턴의 주장대로 비평이 "문학이 담보하고 있는 자기인식과 자기반성을 수행하는 대표적인 양식"이라는 사실은 비평가에게 이중의 어려움을 던져준다. 그것은 비평이라는 행위 자체가 대상 작품에 대한 정확하고도 섬세한 이해, 예리한 비판과 도전적인 문제제기 등의 비평 고유의 덕목과 더불어 비평가 자신의 정체성과 자의식에 대한 끊임없는 되돌아봄을 요구하고 있다는 사실에서 기인한다. 한 편의 작품을 발표하면, 그 작품이 함축하고 있는 문학성과는 별도로, 그 자체로 독립적인 세계가 형성되는 소설가나 시인과는 달리, 문학작품에 대한 메타적 평가와 해석을 시도하는 비평가는 자신의 관점에 대한 부단한 반성과 조회가 요구될 수밖에 없겠기 때문이다. 그러하기에, 진정한 비평가라면 '자신의 비평 쓰기가 혹시 편협한 당파성이나 주관적인 평가에 함몰된 것은 아닌가?'라는 반성적 자의식을 지속적으로 지녀야할 것이다. 또한 자신의 비평이 무의식적으로, 혹은 의식적으로 일종의 문학적 권력으로 작동하고 있다는 사실에 대한 냉철한 인식 역시 비평가가 지녀야 할 중요한 덕목 중의 하나일 것이다.

중요한 것은 자신의 비평이 탈권력적이라고, 혹은 자신의 글쓰기가 권력에 대한 저항이라고 주장하는 태도가 아니라, 자신의 글쓰기도 거의 무의식적인 차원에서 권력과 연계될 수 있다는 사실에 대한 뼈저린 자각이 아닐까 생각된다. 만약에 자신의 글쓰기가 권력과 전혀 상관이 없다고 주장하는 비평가가 있다면, 그는 현대사회이론에 무지하거나 지나치게 순진한 비평가일 것이다. 푸코류의 권력이론을 예시하지 않더라도, 한 편의 탈역사적인 순수문학 작품에 대한 섬세한 작품론조차도 세련된 문학적 권력의 행사일 수 있다는 사실을 우리는 이미 인지하고 있는 것이 아닌가. 이러한 사실에 대한 자각은 한편으로는 고통스럽지만, 또 다른 한편으로는 비평에 대한 한층 성숙된 관점을 선사해 줄 것이다.[1]

때문에 우리가 여러 가지 비평담론들을 검토하면서 주목해야 할 것은 권력의 유무 차원의 문제가 아니라, 비평가나 특정한 비평적 에콜이 얼마나 합리적이며 정당한 권력을 행사하고 있는가, 자신의 권력에 대해서 얼마나 성실하게 되돌아보는가, 그리고 타자의 관점에 대한 비판은 얼마나 타당한가 등의 문제일 것이다.

이러한 문제의식을 지니고 우리가 살펴볼 최근 비평 담론들은 『무애』·『창작과비평』·『문학과사회』 등의 문예계간지 봄호들이 표출하고 있는 비평과 권력에 대한 문제의식들이다. 이들 계간지들은 각기 다양한 방식으로 문학적 권력에 대한 욕망과 권력 관리의 풍경을 흥미롭게 보여주고 있으며, 타자의 문제제기를 제압함으로써 자신의 비평적 자기동일성을 정립하는 비평적 주체의 집요하면서도 노회한, 혹은 음험한 전략을 보여준다. 지금까지의 메타비평들이 주로 비평가 개인의 비평적 담론에 대한 분석과 평가에 머물렀다면, 이 평문은 비평가들이 근거로 하고 있는 문예계간지 중심의 '비평적 에콜'에 대한 해석과 평가를 시도하려고 한다. 이러한 문제의식은 우리 비평문단에서 권력 행사와 권력 분점이 수행되는 가장 민감한 공간이 바로 문예계간지의 비평공간이라는 사실에서 비롯되는 것이다.

---

1) 이 비평문 역시 그러한 비평 일반의 권력적 속성에서 벗어나지 못할 것이다. 메타비평은 태생적으로 얼마나 권력적인가! 나는 다만 이 글이 비평의 권력적 속성에 대한 최소한의 자기 성찰과 정당한 권력 행사에 기반한 글쓰기가 될 수 있도록 노력할 뿐이다.

2. 진정한 에콜정신의 결여―『무애』의 경우

『문학정신』이 폐간된 이후에, 『문학정신』의 기존 편집위원들 (황병하·신철하·문흥술)은 새로운 신진 비평가들(김춘식과 백지연)을 영입하여 『무애』라는 제호의 새로운 문예계간지를 창간하였다. 이 잡지는 "상업주의나 권력주의와 결탁한 지금의 문학 현실에 대한 날카로운 비판 작업을 펼쳐 나감으로써 한국 문학의 새로운 지평을 개척해 나갈 것이다"(「창간호를 내면서」)라는 표현으로 새로운 비평적 의지를 천명하고 있다. 이에 따라 『무애』는 "진보적 실험정신"을 추구하며, "한국 문학의 국지성을 극복하고 세계 속의 한국문학으로 자리할 수 있도록 노력"하고, "출판사의 상업적 전략에 기생하는 찬사 일변도의 정실 비평을 거부하고 진정한 비판 기능을 간직한 글을 지향"함으로써 "진정한 비평정신의 활성화를 도모"하는 것 등을 편집 방향으로 설정하고 있다. 말하자면 『무애』의 비평가들은 그들이 나름대로 설정한 비평정신에 대한 공감대를 바탕으로 새로운 비평 에콜을 형성하고자 하는 것이다.[2] 창간호는 이러한 편집 취지에 따라서 '비

---

2) 중요한 것은 새로운 에콜의 형성 그 자체가 아니라, 그 에콜이 표방하는 문학정신이 얼마나 타당하며, 그 에콜 구성원의 글쓰기에 그러한 에콜정신이 얼마나 성공적으로 스며들어 있는가의 문제일 것이다. 사실 우리 문학에 진정으로 필요한 것은 독창적인 문학관과 소신 있는 비평적 관점으로 이루어진 에콜정신인지도 모른다. 합리적이며 독창적인 에콜에 의해서가 아니라 천박한 섹트주의에 의해서 움직이는 우리의 비평문단에서 말의 진정한 의미에서의 새로

평의 불신, 그 벽을 넘어서'라는 제목 아래, 한국 현대문학비평을 대표하는 원로급 비평가들(김우창·김윤식·백낙청·유종호)에 대한 메타비평으로 이루어진 기획특집으로 꾸며졌다.

기존의 대가들이나 문학적 주류 이데올로기에 대한 신랄한 비판과 전복을 통해 새로운 비평정신을 확보하는 것은 이 땅의 비평가들이 자신의 새로운 출발을 위해서 구사해온 가장 전형적인 방법론이었다. 『무애』의 비평가들이 어떤 의미에서는 신화화된 선배 비평가들에 대한 비판을 통해서 자신의 비평적 패기를 발산하고 새로운 비평적 자기동일성을 형성해나가는 모습은 자연스럽다. 문제는 그 과정의 논리적 정당성일 것이다. 우리는 그들의 비판이 비평적 주류에 편입되기 위한 집요한 인정투쟁의 욕망을 너머, 우리 문단에 진정한 전복적 비평정신을 형성하는 중요한 계기로 작용하게 되기를 기대할 뿐이다. 그렇다면, 편집위원 황병하·신철하·문홍술과 방민호 등이 참여한 기획의 성과는 어떠한가?

전반적으로 볼 때, 기획 특집의 애초 의도인 "원로 비평가들의 비평정신에 대한 비판적 글쓰기"는 성공적으로 수행되지 못한 것으로 판단된다. 그것은 필자들 사이에서 비판적 글쓰기에 대한 합의와 토론이 충분히 이루어지지 않았거나, 그들이 주장하는 에콜정신이 선언적인 의미로만 기능하기 때문에 발생하는

운 에콜정신은 참으로 소중하다고 하겠다.

문제일 것이다. 물론 기획에 수록된 글들이 수미일관한 동일성을 지닐 필요는 없을 것이다. 그러나 「창간호를 내면서」를 통해서 밝힌 에콜정신이 최소한의 유의미성을 획득하기 위해서는 기획을 관류하는 입장이 좀더 체계적으로 표출되었어야 하지 않았을까 싶다.

황병하의 「어느 자기 갱신적 계몽주의자의 명중모색(明中摸索) ─김우창론」은 기획의 의도와 『무애』가 천명한 비평정신을 가장 효과적으로 충족시킨 성실한 글이다. 이 평문은 필자의 관점으로는, 지금까지 씌어진 김우창에 관한 메타비평 중에서 김우창 비평의 한계를 가장 예리하게 짚어내고 있다고 생각된다. 황병하는 김우창 비평의 한계가 낭만주의나 리얼리즘, 모더니즘 등의 중요한 문학적 개념에 대한 오용, 지나친 도덕적 경직성과 이성 중심주의에서 연유한다고 지적하면서 "빛 속에서의 모색은, 계몽주의는, 이성주의는, 김우창의 진행적 정신분열성은 암중모색으로, 퇴행적 정신분열성으로의 전도를 위한 암울한 타산지석이 되어야 한다"고 결론짓고 있다. '진행적 정신분열성', '퇴행적 정신분열성' 등의 용어가 과연 김우창 비평의 한계를 설명하는 데 있어서 타당하고 합리적인 표현인가, 라는 의문이 들기는 하지만 전체적으로 황병하의 논지는 김우창 비평의 근본적인 철학적 바탕과 인식론적 관점을 문제삼으면서, 한국의 현대비평가 중에서 서구의 현대사상에 대한 가장 정밀한 지식을 지니고 있다고 평가받는 김우창 비평의 한계를 날카롭게 지적하고 있다. 황병하에게서 이러한 비판이 가능했던 것은 그가 김우창 비평을 관류하고 있는 철학적 원리나 문학용어를 비판적으로 전복시킬 만한 충분한 문학적·철학적 지식으로 무장하고 있었기 때문일 것이다. 나는 그가 메타비평에 탁월한 재능을 지닌 비평가라고 생각한다. 그가 실제비평과 메타비평에 좀더 집중적인 열정과 시간을 투여하기를 기대해본다.

이에 비해 문홍술의 「90년대 민족문학론의 위기 - 백낙청론」은 그 비판적 열정에도 불구하고 비판의 설득력과 비판의 효과 면에서 흔쾌히 공감하기 어려운 평문이었다. 문홍술은 주로 90년대 이후에 발표된 백낙청의 비평을 비판적으로 검토하면서, 민족문학과 별다른 연관성이 없는 작품을 무원칙하게 감싸안는 그의 민족문학론이 사실상 민족문학의 독자적인 이념을 해체시키고 있으며 리얼리즘의 원칙을 무장해제하고 있다고 주장하고 있다. 또한 문홍술은 백낙청의 분단체제론이 뚜렷한 중심 없이 추상화되고 있어, 현실에 대한 과학적이며 구체적인 분석이 보강되어야 한다고 비판하고 있다. 요컨대 문홍술은 백낙청의 민족문학론과 분단체계론에 구체적인 현실에 대한 분석과 과학적 인식의 면에서 결정적인 문제점이 존재한다는 입장이다. 그는 이 평문에서 때로 "세계체제에서 볼 수 없는 새로운 체제로 분단체제를 극복하고 지혜의 시대에 도달하는 것은 한갓 유토피아적 몽상에 불과하다"는, 최근의 IMF사태와 연관하여 백낙청의 분단체제론에 대한 시의적절한 비판을 보여주기도 한다. 그러나, 대부분의 비판은 기존의 백낙청 비판에서 크게 벗어나지 못하고 있다고 판단된다. 백낙청의 분단체제론이 변질된 대목과 연관하여 그 이유를 설명하고 있는 다음의 예문은 이러한 문홍술의 비판이 지닌 한계 역시 명료하게 보여주고 있다.

백낙청 교수는 분단체제론을 설정하면서 한국 사회의 제반 사실들에서 발생하는 구체적 현상에서 출발한 것이 아니라 추상적 구성에서 출발하고 있기 때문이다. 말하자면 유물 변증법적 인식이 아니라 관념적 인식을 취하고 있다는 점이다. 분단체제론은 한국 사회의 객관적 실재에 대한 과학적인 인식에서 출발하여, 그것을 세계 체제로서의 자본주의 경제와의 연관을 통해 한국적 특수태로서 설정된 것이 아니다.(49면)

문홍술은 무엇보다도 백낙청의 최근 이론적 모색들이 유물 변증법이나 과학주의가 지닌 모종의 한계에 대한 절실한 인식에서 싹튼 것이라는 점, 그리하여 '과학'에 대한 근원적인 문제 제기가 과학을 포괄하는 좀더 근원적인 사유체계에 대한 관심으로 표출되었다는 것을 일단 인식해야 할 것이다. 가령 백낙청이 "특히 과학적이라고 인정된 결론이 우리 일상적인 경험이라든가 또는 동양적인 사유라든가 이런 것과 어긋나는 일이 많다면 그게 그렇게 어긋나도 되는 건지 한번 반성해봐야 하지 않겠어요?"(「백낙청 편집인에게 묻는다」, 『창작과비평』, 1998년 봄호, 45면)라고 말하는 대목은 과학주의나 유물 변증법의 한계에 대한 근원적인 성찰이 우리의 사유에 필요하다는 사실을 인식시키고 있다. 그런데 문홍술은 바로 그 과학과 유물변증법을 기준으로 하여 백낙청의 최근 사상적 모색을 비판하고 있는 것이다. 이는 다소 핀트가 어긋난 비판이 아닐까.

내 생각에는, 백낙청에 대한 한층 효과적인 비판은 백낙청 비평의 내용에 대한 즉자적인 반론보다는 그가 담론을 전개하는 방식이나 문학적 권력을 관리하는 방식에 대한 근원적인 문제제기가 이루어졌을 때, 제대로 전개될 것이라고 본다. 그러니까, 내용적인 측면에서의 민중성과 비평담론의 전개방식에서 드러나는 폐쇄적인 권력지향성 사이의 파열에 대한 문제제기가 효과적으로 이루어질 때, 백낙청 비평의 의미와 한계가 더욱 선명하게 드러날 것이라고 예견된다. 이를테면 정과리의 「민중문학론의 인식구조」라는 평문과 같이 비평 담론의 구성 방식 자체에서 연유하는 한계에 대한 비판의 전략이 백낙청 비평의 한계에 대한 가장 근원적인 비판이 아니겠는가.

방민호의 「숙명과 그 극복이라는 문제-김윤식론」은 김윤식에 대한 '비판'보다는 '공감'과 '이해'에 많은 관심을 기울인 평문이다. 따라서 이 글은 기획의 본래 의도를 전혀 충족시켜주지 못하고 있다. 이 점은 편집위원들이 김윤식이라는 대상에 대해서 소신을 가지고 제대로 비판할 수 있는 필자를 성공적으로 선정하지 못했다는 사실에서 연유하는 것으로 보인다. 방민호는 김윤식의 제자가 아닌가? 이러한 점은 제자가 스승을 소신 있게 비판하기에는 우리 학계의 풍토가 아직도 닫혀 있다는 사실을 보여준다. 그렇지만 방민호의 이 평문은 김윤식의 비평을 이해하는 작업에 있어서 중요한 빛을 던지고 있다. 사실 김윤식의 비평세계는 적절한 '비판'과 더불어, 정밀한 '이해'가 동시에 요구된다고 할 수 있다. 김윤식에 대한 메타비평들이 몇 편 씌어지긴 했지만, 김윤식의 방대한 비평적 저작과 근대문학연구를 포괄적으로 연구하여, 김윤식 비평정신의 궤적을 전체적으로 해석한 평문은 거의 없었다고 생각된다. 이러한 의미에서 방민호의 이 글은 김윤식의 비평정신을 이해하기 위한 섬세한 살림의 비평에 가깝다. 그리하여 이 평문은 기획의도에는 어긋나지만, 비평가 김윤식의 글쓰기의 욕망과 동기, 전략, 운명의 표정, 비평의 리듬, 변화의 계기 등등에 대해 설득력 있게 분석하고 있다는 점에서 주목된다고 하겠다. 진정한 비판이 제대로 된 이해에서 발원한다는 사실을 인식한다면, 엄밀한 의미에서 우리 비평문단은 아직까지도 김윤식에 대한 전면적인 비판 이전 단계에 있는 것이 아닌가. 그러한 전체적 이해가 이루어질 때, 김윤식에 대한 제대로 된 비판이 가능해질 것이다.

신철하의 「비평의 운명—유종호론」 역시 기획의도를 충족시킬 만큼 '비판'에 중점을 둔 글이 아니다. 이 평문은 필자 자신의 비평가로서의 자의식을 섬세하게 드러내면서, 그 자의식에 유종호의 비평을 포개는 방식을 통해 논리를 전개하고 있다. 따라서 신철하의 글은 유종호의 비평적 궤적을 충실히 따라가는 해설비평에 가깝다. 그는 왜 그럴 수밖에 없었을까? 일단 유종호가 세련된 감성주의자와 균형 잡힌 안목의 인문주의자에 해당되는 비평가이며, 특별히 논쟁적인 글을 쓴 적이 거의 없었기 때문에, 그에 대한 비판을 하기가 쉽지 않았으리라는 생각이 든다. 일종의 비평적 취향이라는 것은 비판과 논쟁의 대상이라기보다는 호오(好惡)의 대상이기에, 비교적 유종호와 동질적인 비평적 감수성을 지닌 신철하로서는 유종호에 대한 정면 비판을 수행하기가 쉽지 않았을 것이라고 생각된다. 유종호에 대한 근원적인 비판이 가능하려면 역시 유종호 비평의 근간을 구성하고 있는 세계관과 철학의 문제로 소급되어야 하지 않을까. 이를테면 『사회역사적 상상력』 같은 이론적 저서의 뿌리를 이루는 세계관, 굳이 표현하자면 세련된 절충주의자, 혹은 건실한 인문주의자의 성취와 한계를 정밀하게 탐문했을 때, 유종호 비평의 실체가 한층 선명하게 드러나리라고 본다.

지금까지 『무애』 창간호의 기획에 대해서 살펴보았는데, 그 결과 필자들의 열정과 패기에도 불구하고 다음과 같은 아쉬움을 느낄 수밖에 없었다.

우선 선배 비평가들에 대한 비판이 기획에서 일관성 있게 관류되지 못했다는 사실을 지적할 수 있을 것이다. 이는 비판의 대상이 된 비평가를 가장 적확한 안목으로 예리하게 비판할 수 있는 필자들이 적절하게 선정되지 못했다는(황병하의 경우를 제외하면) 사실에서도 연유하지만, 아직까지도 '비판'이라는 지적 행위가 소신 있게 수행되기에는 여러 가지 제약이 존재하는 한국 비평계의 구조적 문제에도 연유하는 것으로 보인다.

두 번째로는 창간호의 성과만을 두고 본다면 『무애』가 그들이 「창간호를 내면서」에서 천명한 참으로 의욕적인 취지에도 불구하고, 새로운 비평적 에콜의 '신선한 도전'이라고 부를 만한 성취에는 전체적으로 미달된다는 인상을 받았다. 편집위원들은 과연 『무애』가 왜 존재해야 하는지, 그리고 다른 문예잡지와 『무애』의 차별성은 무엇인지, 등에 대한 더욱 근원적인 사유와 고민을 거듭해야 될 것으로 보인다. 이와 연관하여, 무엇보다도 편집위원들 사이에, 문학적 아이덴티티나 공감대, 최소한의 문학적 원칙이 충분히 교환되지 않은 것으로 판단된다. 예컨대 문홍술이 좌담 「표류하는 문화, 문학인의 자기반성」에서 "90년대에 우후죽순처럼 신세대 작가들에 의해 등장한 해체소설도 보면 해체를 위한 해체만을 했지 그 어떤 역할도 못했습니다", "90년대 작가들의 작품을 읽으면서, 정말 그들이 비평의 대상이 될 수 없을 정도로 획일적이고 깊이도 없다는 생각을 많이 했습니다"라고 언급한 대목은 또 다른 편집위원인 백지연의 글 「허무주의와 싸우는 문학」3)에서 개진된 논리와 정면으로 배치된다. 백지연은 이러한 식의 90년대 작가에 대한 비판을 "1990년대와 젊은 작가들에 대한 마녀 사냥"이자 "고답한 문학주의의 기세등등한 부활"로 비판하고 있는 것이 아닌가. 90년대 작가와 이

---

3) 이 평문은 신세대 문학의 정체성을 인정받고자 하는 '인정투쟁의 욕망'이, 신세대소설에 대한 과잉 의미부여를 통해, 위장된 형태로 개진되어 있는 문제적 글이다.

른바 신세대문학에 대한 너무나도 다른 견해 앞에서 나는 『무애』의 편집진들이 문학관에 대한 최소의 조율이나 원칙도 없이, 새로운 문학잡지의 발간을 통해 단지 또 하나의 문학적 캠프를 만들고자 하는 앙상한 욕망만으로 규합된 것이 아닌가 하는 의구심을 거둘 수 없다. 이런 식이라면 "한국 문학의 새로운 지평을 개척해나갈 것"(「창간호를 내면서」)이라는 그들의 주장을 의례적인 상투적 표현에 불과하다고 볼 수밖에 없는 것이 아닌가? 나의 이러한 판단을 그들의 성실한 후속작업을 통해 근본적으로 수정시켜주기를 기대한다.

나는 기본적으로 『무애』가 내세우고 있는 "출판사의 상업적 전략에 기생하는 찬사 일변도의 정실 비평을 거부하고 진정한 비판 기능을 간직한 글을 지향한다"는 비평정신에 대해 뜨거운 연대의 심정을 지니고 있다. 창간호에서 드러난 몇 가지 문제점들을 『무애』 편집진들이 현명하게 극복하여, 『무애』가 진정한 비판적 지성과 전복적 비평의 새로운 메카로 거듭나기를 진심으로 기대해본다.

3. 문학적 권위의 자기동일성 - 『창작과비평』의 경우

『창작과비평』이 이번 여름호로 대망의 100호를 맞이한다고 한다. 30년이 넘는 세월동안 이 땅의 진보적 문학인들의 텃밭이자 비판적 지성의 요람이었던 『창작과비평』이 드디어 100호를 맞이한 것은 분명히 축하할 만한 일이다. 이제 『창작과비평』과 '창작과비평사'는 그 찬연한 전통에 힘입어, 우리 지성계에서 누구도 무시할 수 없는 문화적 권위를 쌓아 왔는 바, 그것은 동시에 엄청난 문화적·문학적 권력을 획득하는 과정이기도 하였다.[4]

여기서 우리는 진정한 전통에 대해서 생각해본다. 그것은 다름 아닌 타자의 합리적인 비판을 열린 자세로 수용하는 대화적 정신이자, 자신의 권위와 전통마저도 근원적으로 해체할 수 있는 가열한 자기 반성의 정신이 아니겠는가. 자신의 권력과 권위에 대한 집요한 자기동일성의 욕망보다는, 자신의 존재기반에 대한 발본색원(拔本塞源)에 값하는 성찰과 진지한 자기 부정이 한층 아름다운 미덕이 아닐까. 나는 『창작과비평』(이하 '창비'로 칭함)이 '아름다운 권위'를 지속적으로 쌓아가기를 희망한다. 이러한 의미에서 창비 99호(1998년 봄호)는 필자로 하여금 일종의 아쉬움을 느끼게 만들었다.

'회화'라는 형식의 기획좌담 「백낙청 편집인에게 묻는다」는 창비와 비평가 백낙청이 자신의 문학적 권력을 관리하는 방식

---

4) 강준만은 「『창작과비평』이라는 정부를 세운 백낙청」(『인물과사상』 4호)이라는 제목의 글을 쓰기도 했다. 『창작과비평』이 하나의 정부라니! 이러한 표현은 『창작과비평』이 지식인과 문인들에게 얼마나 엄청난 권위로 수용되고 있는가 하는 점을 여실히 보여준다.

을 선명하게 보여주고 있다. '책머리에'에 따르면 "좌담의 어떤 상투성을 넘어서 자유로운 대화정신에 충실하고자 한 취지를 더욱 살려보자는 의도"에서 '회화'라는 낯선 방식을 선택했다고 한다. 그러나 이 좌담이 창비 편집진의 주장대로 '자유로운 대화정신'에 충실한가의 여부에 대해서는 비판적 견해가 가능하다고 본다.

「백낙청 편집인에게 묻는다」는 창비의 편집위원인 김영희·백영서·임규찬 세 사람이 편집인 백낙청에게 다양한 분야에 관한 질문을 던지고 백낙청이 이에 대해서 자신의 입장을 비교적 상세하게 피력하는 구조로 이루어져 있다. 이 '회화' 형식은 다음과 같은 점에서 완강한 자기동일성의 구조를 지니고 있는 것으로 판단된다. 우선 세 사람의 질문자가 모두 창비의 편집위원이라는 사실은, 이 좌담이 부분적으로 백낙청 선생의 회갑을 축하하는 성격을 띠고 있다는 점을 감안한다 하더라도, 왠지 자연스럽지 못하다. 그러다 보니, 이러한 형식의 대화에서는 백낙청의 정치적·문학적 입장에 대한 근원적인 비판이 개진될 여지가 없었고, 아울러 백낙청 자신의 성실한 자기 성찰도 거의 전개되지 않았다. 그리고 질문자들에 의해 간혹 백낙청에 대한 비판적 문제제기나 백낙청에 대한 타자의 비판이 언급되기는 하지만, 그러한 문제제기들은 30년을 상회하는 비평적 내공에서 비롯된 백낙청의 노숙한 답변에 의해서 봉합된다. 예컨대 다음과 같은 백낙청의 주장을 들어보자.

흔히 퍼진 생각이니까 한마디하고 싶은데, 내가 이론비평을 주로 하고 실
제비평이 부족하다는 지적 말이에요. 비평작업이 도대체 부족하다고 나무라
면 유구무언이지만 작품 논의에 이론적인 관심이 투영됐다거나 또는 이론도
아닌 정세분석 같은 것이 끼여들어 갔다고 해서 그것을 실제비평이 아닌 이
론비평이라고 분류해 버리는 건 잘못된 거지요. 나 개인으로 억울하다 안 하
다의 문제가 아니라 우리가 이론비평, 실제비평, 이렇게 나누는 것이 습관이
되어버리면 곤란한 일이라고 봐요. 이론적인 관심이 전혀 배제된 작품론이
라든가 또는 구체적인 작품에 대한 구체적인 평가가 어떤 식으로든 전제되
지 않은 이론적 작업이라는 것은 최고 수준의 비평에 미달하는 것이거든
요.(41면)

　　누구나 자신에 대한 비판들 중에서 명백한 '오해'나 '오독'에
해당하는 지적이나 근원적으로 동의할 수 없는 견해에 대해서는
적극적으로 반론과 해명을 펼칠 수 있을 터이며, 때로는 그 비판
이 정곡을 찔렀을 경우, 진지한 자기반성의 시간을 가질 수도 있
을 것이다. 위의 예문에서 여실히 볼 수 있듯이, 백낙청은 자신
의 글쓰기에 대한 비판에 대해서, 자기반성보다는 주로 적극적
인 반론과 해명을 시도하는 쪽에 해당한다. 이러한 경향 자체가
문제될 것은 없다. 정작 문제가 되는 것은 이러한 백낙청의 태도
가 때로 자신에게 향해진 합리적인 비판이 지닌 정당한 문제의
식과 그 취지를 호도하고 있다는 사실이다. 백낙청은 위의 예문
에서 자신에게 주어진 실제비평의 문제점을 단순한 양적인 문제
로 돌리고 있다. 그러나 그것이 과연 질적인 문제와는 관계없는
양적인 문제에 한정되는 것일까? 나는 오히려, 백낙청이 이론비
평에 열정적으로 참여하는 것을, '비평 작업의 분화'라는 면에서

설명하는 것이 더욱 효과적인 대답이었다고 본다. 말하자면, 탁월한 이론적 성취를 보여준 비평가에게 그에 버금가는 실제비평을 요구한다는 것이 지나치게 무리한 요구일 수도 있다는 것이다. 그러니, 백낙청에 대한 생산적 비판은 실제 비평이 단지 양적으로 부족하다는 차원에서가 아니라, 실제 비평의 질적 차원과 백낙청이 심혈을 기울이고 있는 이론 비평 자체의 수준을 면밀하게 짚어보는 차원에서 전개되어야 할 것이다.

아울러 "이론적 관심이 전혀 배제된 작품", "구체적인 작품에 대한 평가가 어떤 식으로든 전제되지 않은 이론적 작업"이 "최고 수준의 비평"에 미달된다는 백낙청의 주장은 사실 어떤 구체성도 담고 있지 않은 일반론에 불과하다. 마치 역사를 전혀 담지 않은 문학작품은 최고 수준의 작품이 아니다라는 말과 유사한 표현 아닌가? 우리는 지극히 개인적인 서정시에서도 역사의 흔적을 읽을 수 있으며, 아도르노식으로 말하면 존재론적 고독도 사회적으로 매개된 형태라고 볼 수 있을 것이다. 그러니, '이론'이나 '역사', '구체적인 작품 평가' 등의 개념에 대한 엄밀한 규정이 내려지지 않은 이상, 위의 표현들은 무의미하다. 인문사회과학에서, '전혀 배제된' 혹은 '어떤 식으로든 전제되지 않은' 등의 표현은 사실 아무런 의미가 없는 수사에 불과한 경우가 많다. 그 어떤 문학이론가가 자신의 문학이론이 구체적인 작품에 대한 평가를 전혀 염두에 두지 않았다고 말할 것인가. 내가 보기에 백낙청이 내심 말하고 싶었던, 혹은 듣고 싶었던 것은 자신의 비평이 이론적 관심과 구체적인 작품 평가를 성공적으로 겸비하고 있는 비평이라는 표현이 아니었을까 한다.

바로 이러한 측면 때문에, 창비 측에서 의식적으로 백낙청의 논지를 제대로 비판할 수 있는 논자를 한 명 정도 질문자로 참석시키는 것이 필요했다고 본다. 그리고 그 논자에 의해 확고한 논점의 형성과 치열한 대화가 이루어졌을 때, 창비와 백낙청의 지적 권위가 한결 아름답게 보이지 않았을까 싶다. 이를테면 '역시 창비는 달라! 자신에 대한 근원적인 비판에 대해서 열린 자세로 토론하는 저 자세가 지금의 창비와 백낙청을 만든 것이 아닐까'라고 말할 수 있을 정도로 말이다. 좀 가혹하게 말하면 좌담 내내 세 사람의 질문자는 백낙청의 권위와 업적을 새삼 다시 공존하기 위한 들러리 역할을 하는 것이 아닌가 하는 생각이 들 정도로 소극적인 역할에 그치고 있다. 여기서 며칠 전에 방영한 김대중 대통령의 '국민과의 대화'가 연상되었다고 한다면 지나친 비약일까?[5]

물론, 축하의 성격을 지닌 지면에 '왜 하필 근원적인 비판이

---

5) '국민과의 대화'가 진정 대화에 걸맞는 진행방식에 의해서 진행되었다고 볼 수 있을까? 현 정권과 대통령에 대한 여러 가지 질문과 비판에 대해서 대통령은 준비된 대통령답게 너무나 능숙한 태도로 자신의 관점을 옹호, 홍보하고 여당의 정치적 입장을 전파했다. 그러나 대통령의 발언에 대한 재비판과 반론의 여지는 원천적으로 봉쇄되어 있었다. 이는 엄밀한 의미에서 보면, '대화'가 아니라, 홍보 혹은 정책 정당화의 자리에 불과했다. '국민과의 대화'를 마련한 대통령의 선의를 순수하게 인정하고 싶지만, 지금과 같은 대화 방식은 곤란할 것 같다.

나 가열한 자기 돌아봄이 필요한가?'라는 식으로 반문할 수 있을 것이다. 만약에 창비와 백낙청이 이 땅의 지성사에서 결코 지울 수 없는 찬연한 이름의 주인이 아니었다면 필자는 이러한 기대를 결코 하지 않았으리라. 32년 전, 기존의 보수적인 문학판을 근원적으로 비판하면서 민족문학의 새로운 기치를 내건 창비, 그리고 한국 현대비평사에서 비판적 비평, 민중적 비평, 진보적 비평의 진정한 대부로 불리는 백낙청, 이들이 빛나는 권위와 전통을 획득할 수 있었던 것도, 바로 이들이 보여주던 가열한 비판정신과 지속적인 자기 갱신에 결정적으로 힘입었던 것이 아니었던가.

이와 연관하여 백낙청이 자신과 창비를 둘러싼 다양한 주제에 대해서 말하는 자리에서, 강준만의 문제제기(「우리 시대의 진보는 무엇으로 사는가?─『창작과비평』이라는 정부를 세운 백낙청」, 『인물과 사상』 4호, 개마고원)와 연관된 아무런 언급을 하지 않은 것을 어떻게 보아야 할까? 강준만의 이 글은 창비와 백낙청의 입장에서 보면, 아킬레스건에 해당되는 중요한 문제제기를 시도한 평문이다. 즉, 창비와 백낙청의 경우를 들어 진보적인 지식인의 권위주의와 폐쇄성 및 정치적 이중성에 대한 예리한 비판을 수행하고 있는 드문 글이다. 나로서는 강준만의 이 글이 창비와 백낙청의 한계에 대한 어떤 지점들을 상당히 정확하게 짚어내고 있다고 본다. 바로 이러한 비판에 대한 진술한 의견 제시가 이루어지고, 그러한 과정을 통해 자신의 내부에 자신도 모르는 사이에 서식할 수도 있는, 권력에 대한 불길한 욕망까지도 다시금 차분하게 되돌아보았을 때, 창비와 백낙청의 진정한 권위가 정립될 수 있는 것이 아닐까? 강준만은 위의 글에서 "비판으로 큰 진보집단이 자기 집단에 대한 비판은 허용하지 않겠다면, 그 집단은 이미 진보가 아니다"라고 말하고 있다. 물론 창비와 백낙청이 그렇다고 말할 수는 없을 것이다. 그러나 창비와 백낙청이 자신에게 주어진 비판들에 대해서 대화적인 자세로 성실하게 대응하고 있는가, 라는 질문 앞에서 나는 선뜻 긍정적인 대답을 할 수 없다. 나의 이러한 견해가 앞으로 씌어질 백낙청의 비평과 앞으로 발간될 창비에 의해 전면적으로 수정될 수 있기를 희망한다.

4. 반성적 지성의 섹트주의화―『문학과사회』의 경우

올해는 『문학과사회』가 창간된 지 정확히 10년이 되는 해이다. 『문학과지성』의 문학적 유산을 계승한 『문학과사회』는, 다른 어떤 비평적 에콜보다도 열린 대화와 근원적인 자기반성을 강조해 왔다. 아울러 『문학과사회』의 세련된 지성은 주류문화에 대해서 뿐만 아니라, 그 주류에 저항하는 대항문화의 문제점에 대해서도 예리한 메스를 가해왔다고 할 수 있을 것이다. 『문학과사회』 창간호의 「『문학과사회』를 엮으며」라는 창간사에 해당 되는 글에는 "현상의 이면에 도사리고 있는 이데올로기를 폭로 하는 한편, 변혁에의 열망에까지 은밀하게 도사리고 있는 체제 논리를 해체하는 일련의 작업의 동시적 수행을 요구한다"는 주 장이 개진되어 있다. 이는 『문학과사회』가 어떤 형식의 닫힌 이 데올로기와 폐쇄적인 권력에 대해서도 과감한 비판과 전복을 수행하겠다는 의지를 표명한 것이라고 볼 수 있을 것이다. 이러 한 반성적 지성은, 타자의 지평을 배제한 채 주체의 탐욕스러운 팽창과정에 의해서 전개된 현대지성사의 고질적 편향을 고려해 볼 때, 참으로 소중한 미덕이라고 생각된다. 『문학과지성사』를 이끈 선배 세대들의 후광과 권력이 『문학과사회』의 문학적 향 배와 문학적 권위의 확보에 커다란 영향력으로 작용한 것은 분 명한 사실일 것이다. 그러나 동시에, 『문학과사회』 세대 나름의 주체적인 노력이, 그들을 엄청난 권력과 문학적 명성을 보유한 비평적 에콜로 만든 중요한 요인이라고 할 수 있을 것이다. 그 리하여 『문학과사회』는 적어도 현재까지는 우리 비평문단에서 성공적인 비평그룹(에콜)으로 평가받을 수 있는 희귀한 예에 속 한다고 여겨진다.

그러나 필자는 최근 몇 년 동안 『문학과사회』를 정독하면서, 그토록 '열린 대화'와 '반성적 인식', '비합리적 권력에 대한 해 체'를 줄기차게 강조해 마지않았던 『문학과사회』도 역시나 또 하나의 불건강한 문학적 권력을 형성하여, 부정적인 의미의 '섹트주의'에 함몰되어 가는 것이 아닌가 하는 우려를 금하지 않을 수 없었다. 이러한 징후는 한편으로는 최근에 씌어진 『문학과사회』의 '총평'이나 '오늘의 한국문학' 지면을 통해 드러나며, 또 다른 한편으로는 최근 논란이 된 「신세대 문학에 대한 비평가의 대화」(『문학과사회』, 1997년 겨울호)라는 평문에 대한 『문학과사회』의 반응을 통해서 드러난다. 이러한 문제적 사안에 대한 분석을 통해, 『문학과사회』의 부정적인 권력화 현상에 대해서 검토해보기로 한다.

『문학과사회』의 지면에는 매호마다 「총평 ─ 문학공간」이라는 이름으로, 그 분기의 문학적 현황을 리뷰하는 코너가 구성되어 있다. 이 총평은 『문학과사회』 편집동인이 직접 작성하는, 해당 분기에 발간된 다양한 문학 신간에 대한 분석과 평가로 이루어져 있는데, 이에 따라서 이 총평 형식은, 필자들의 의사와 상관없이, 일종의 문학적 권력이 행사되는 문제적 지면으로 작용하고 있다고 생각된다.[6] 이와 연관하여, 『문학과사회』의 「총평 ─ 문학공간」의 경우, 초기에는 짧은 지면에도 불구하고 정교한 작품 분석과 냉철한 균형감각을 보여주었지만 최근에 올수록 의례적인 호평과 동의할 수 없는 평가가 난무하고 있다고 판단된

---

6) 필자가 대화를 나눈 상당수의 문인들은 『문학과사회』의 총평에 대단히 민감한 관심을 기울이고 있었다. 마치 그 총평에서 개진된 특정한 작품에 대한 비평이 그 작품이 담보하고 있는 문학성에 대한 가장 유력하고 권위 있는 평가인 것처럼. 그리하여 상당수의 작가와 시인들이, 자신의 신간에 대한 『문학과사회』의 총평에 예민한 안테나를 세우고 있었다.

다. 대상을 비평집으로 한정하더라도 가령, 지난 겨울호 총평의 경우 장경렬 비평집『미로에서 길찾기』에 대해서는 엄청난 호평과 상찬으로 시종일관하는 데 비해, 최원식 비평집『생산적인 대화를 위하여』에 대해서는 세 가지의 비판적인 문제제기가 개진되어 있다. 과연 이것이 공정한 잣대를 적용한 객관적인 평가일까? 그리고 1997년 봄호의 총평에는 모두 5권의 비평집에 대한 리뷰가 수록되어 있는데 남송우·우찬제·하응백·최문규 등의 평론집을 비평하는 따뜻하고 분석적인 문체와는 달리, 임우기의『그늘에 대하여』를 조망하는 문체는 이상한 냉소와 미묘함을 동반하고 있다.『그늘에 대하여』가 지닌 몇 가지 한계에도 불구하고, 전체적으로 그 비평사적 의미를 최근의 다른 어떤 비평집보다도 높이 평가하는 나로서는 과연 그 리뷰의 필자가 진정으로 공평한 잣대를 가지고 비평집들을 조망하고 있는가에 대해서 심각한 의문을 던질 수밖에 없었다. 그리고『문학과사회』의 선배들인『문학과지성』세대가 출간한 비평집에 대한 리뷰의 경우, 그 비평집들의 고유한 가치와 미덕에도 불구하고, 지나치게 의례적인 호평이 눈에 거슬린다는 점도 지적되어야 할 것이다.

『문학과사회』와 문학과지성사(이하 '문지'로 칭함)가 그러한 문학적 권력의 형성을 의도적으로 구성했건, 아니건 간에, 우리가 여기서 주목해 보아야 할 것은 그 엄청난 문학적 권력의 관리방식이다. 어찌되었든, 당대의 한국 문학을 이끌어 가는 문학인들로부터 커다란 신뢰와 권위를 획득한 『문학과사회』와 문지는 자신에게 주어진 권력을 최대한 공정하고 합리적으로 행사할 의무가 있다고 보아야 한다. 왜냐하면 『문학과사회』가 향유하고 있는 문학적 권력 그 자체가 수많은 문인들의 관심과 신뢰로 인해서 형성된 것이기에! 그러니 만약 그 권력을 정당하게 운영하지 못한다면, 그것은 그 문학적 권력의 존재방식에 대해 무언의 동의를 보여준 모든 문인과 독자에 대한 배반이라고 할 수 있을 것이다.

이러한 문제의식에 따라 씌어진 필자의 「신세대 문학에 대한 비평가의 대화」(『문학과사회』, 1997년 겨울호)는, 『문학과사회』와 문지가 문사 지면을 구성하는 방식과 문학적 권력을 행사하는 방식에 대한 비판적 지적을 부분적으로 담고 있다. 가령, 이 평문에는 이 즈음에 문지에서 발간된 일부 소설책에 대한 지나친 확대해석이 진행되고 있는 것이 아닌가 하는 점과, 「오늘의 한국문학」란과 「총평」란에서 진정한 비판정신과 공정한 평가, 열린 대화적 지성 등을 발견하기가 쉽지 않았다는 점에 대한 문제의식이 담겨 있다. 이러한 문제의식에 의거하여, 필자는 서로 자신의 관점을 치열하게 주고받는 대화적 비평의 형태로 최근작인 김설의 『게임오버』와 김연경의 『고양이의, 고양이에 대한, 고양이를 위한 소설』(이상 문학과지성사 출간)의 성취와 한계에 대해서 살펴본 바 있다.

이 글에 대해서 『문학과사회』 봄호의 「총평—문학공간」은 "문단의 역학 관계 속에서 전략적으로 행해지는 자객의 글쓰기가 비평이라는 이름으로 횡행하는 것은 매우 위험한 일이 아닐 수 없다"고 받고 있다. 문제적인 것은 이러한 신랄한 표현에 대한 어떤 논리적 근거와 분석적인 검증도 생략되어 있다는 사실이다. 이러한 『문학과사회』의 비논리적이며 감정적인 대응은, 그들의 표면적 주장과 달리, 그들이 타자의 치명적인(?) 비판에 대해서 본능적으로 닫혀 있으며, 자신들의 비평적 권력의 정당한 행사 여부를 심문하는 타자의 글쓰기를 지극히 주관적 관점에 따라서 폭력적으로 배척하고 있음을 보여준다. 사실 『문학과사회』의 입장에서 보면, 필자의 비평은 자신의 문학적 정체성과 출판 정책에 대한 심각한 문제제기라고 받아들여졌을 것이라고 짐작된다.[7] 그러니 『문학과사회』가 필자의 글에 대해서 적극적인 비판과 반론을 시도하는 것은 충분히 예상된 바였다. 또한 필자의 글이 지니고 있는 객관적인 한계도 분명히 있을 터이므로.

여기서, 내가 문제삼고자 하는 것은 『문학과사회』가 필자의 글쓰기를 비판하는 방식이 대단히 불성실하고[8] 독선적이라는

---

7) 사실 『문학과사회』의 지면에, 문학과지성사에서 출간되는 신간에 대해서 비판적인 리뷰는 거의 없었다고 기억된다. 나는 그러한 관례가 바뀔 수 있어야 한다고 생각하고 있다.

8) 일단 총평의 필자는 필자가 굳이 대화적인 비평의 방식으로 평문을 구성한 맥락을 전혀 인식하지 못하고 있다. 가령 필자의 글이 "비평가 자신이 명확한 견해를 정립하지 못한 채 시계추처럼 진동하고 있는 것"이라고 보고 있는데, 필자는 오히려 그 명확한 주체의 일방적 입장을 견제하기 위해서 '대화'를 끌어들인 것이다. 말하자면, 우리가 상정하고 있는 통일된 비평적 자아의 그림자 속에 숨어 있는 또 다른 자아를 통해, 단일한 주체 중심적 비평의 논리에서 탈

사실이다. 어떠한 구체적 논리도 없이, 슬쩍 지나치듯이 '그 글은 비평도 아니다'라는 식의 대응이 『문학과사회』가 선택한 필자의 글에 대한 응전 방식인 것이다. 이러한 의식구조에는 자신의 문학적 정체성에 대해 도전하는 타자의 논리에 대해서 배타적으로 대응하는 편협한 자기동일성의 논리가 잠복되어 있다. 여기서 "배움의 계기는 늘 자아와 타자 사이의 긴장이며, 자기동일성의 의심이다. 달리 표현하면, 배움은 자신을 흔드는 일에서 시작된다"는 김영민의 지적(『진리, 일리, 무리』, 114면)을 상기하는 것이 필요할 것이다. 『문학과사회』의 대응방법에는 자신의 비평적 자기동일성을 근원적으로 흔들어보고 되돌아보는 열린 지성과 자기 반성의 정신이 실종되어 있는 것이 아닌가. 대신남은 것은 자신의 문학적 권력을 필사적으로 수호하고자 하는 주체의 거친 욕망뿐이다. 다시 김영민의 견해를 따르자면, 지금의 『문학과사회』에게 절실하게 필요한 덕목은 "흔들어서 자신을 드러내고, 열고 드러냄으로써 이웃을 만나고, 만남이 주는차이를 능동적으로 견디고, 그 견딤이 매개하는 성숙과 변화의경지를 체득해야 하는 것"이 아닐까 한다. 이러한 의미에서 나는 『문학과사회』가 앞으로 자신들의 문학적 견해와 배치되는다양한 견해들에 대해서 얼마나 성실하게 대응하느냐? 아울러

주하여 대화적 비평의 공간을 모색해본 것이다. 비평문이 전개되는 방식의 기본적인 취지에 대한 이해가 동반되어야, 비판도 한결 정교해지는 것이 아닐까? 이러한 의미에서 『문학과사회』의 총평은 불성실하다.

타자들과의 만남에서 형성되는 관점의 '차이'를 얼마나 열린 자세로 수용하느냐에 따라서, 『문학과사회』와 문지의 향방이 결정되리라고 본다.

이상의 문제제기는 무엇보다도 『문학과사회』가 점차 부정적인 의미의 섹트주의에 침윤(浸潤)되어 가고 있는 것은 아닌가 하는 우려를 하게 만든다. 특정한 에콜 고유의 문학적 이념과 감식안에 따라, 그 잣대에 적합한 작품들에 대해 적절한 의미부여를 시도하고, 그 잣대에 어긋나는 작품들에 대해서 냉철한 비판을 수행하는 것은 『문학과사회』 같은 중대한 권력적 매체를 확보한 비평가들의 소중한 권리이자 의무일 것이다. 그러나, 최근 『문학과사회』의 지면에 게재되는 비평문과 문지에서 발간된 소설책의 해설들은 이러한 에콜 특유의 개성적인 관점이라고 용인해 주기에는, 지나치게 당파적 이해관계에 연루된 부당한 평가와 공정하지 못한 해석이 자주 나타난다는 점에서 문제가 되는 것이다. 이 글은 바로 이러한 문제들을 지적하기 위해서 씌어졌다.

지금까지 진행된 나의 『문학과사회』 비판이 그들에게 진심으로 다가갈 수 있을까. 나는 그럴 수 있으리라고 믿는다. 장기적으로 『문학과사회』의 저력과, 문지가 지금까지 쌓아올린 저 드높은 '지성의 탑'과 튼실한 '문학적 성과'를 존중하기에. 그리고 무엇보다도 『문학과사회』의 대화적 지성을 신뢰하기에.

마지막으로 이 글에서 진행된 『문학과사회』에 대한 비판이,

가까운 시일 안에 또 다른 글쓰기에 의해 수정될 수 있기를 나는 열렬히 희망하고 있다.

(『리뷰』, 1998년 여름호)

논쟁과 상처

최근 문학권력 논쟁이나 반조선일보 논쟁을 보면서 절실하게 느낀 점은 논쟁과정에서 생성된 상처를 슬기롭게 다스리는 것이 참으로 소중한 덕목이라는 사실이다. 치열한 논쟁과정에서 비판의 주체와 비판의 대상자는 서로간 상처를 주고받기 마련이다. 자신에게 주어진 비판이 자신의 한계와 편향을 예리하게 관통했을 때, 비판을 당하는 입장에서는 자신의 논리와 실존이 처절하게 해체되는 체험을 하게 될 것이다. 그 실존적 해체의 체험은 자신의 입장에 대한 회의라는 일종의 상처를 동반한다. 아울러 비판의 주체 역시 그 나름의 상처를 받는다. 적어도 진정한 열린 비판을 수행하는 논자라면, 공격적인 비판을 전개할 때마다, 과연 내 비판이 객관성을 확보하고 있는가? 내 비판의 대상자가 상처를 받지는 않을 것인가? 등등의 질문들을 자기 자신에게 던질 수밖에 없을 것이다. 특히나, 열린 대화와 생산적인 논쟁 풍토가 정착되지 못한 이 땅의 논쟁풍토에서는, 논쟁과 비판은 단지 공적인 차원에서만 전개되지 않는다. 그 비판이 아무리 타당한 비판이라 하더라도, 비판의 대상자에게는 그 비판이 사적인 감정으로 남는 경우가 많다. 그러다 보니, 비판을 수행하는 주체 역시 비판의 대상자 못지 않게 상처를 받을 수 있다. 몇몇 문학논쟁에 참여해서, 타인의 논리에 대한 비판도 해보고, 타인으로부터 비판도 받아본 내 입장에서 보자면, 논쟁과정에서 자신의 상처를 다스리는 지혜가 그 논쟁을 생산적으로 만드는 가장 중요한 요소 중의 하나로 생각된다.

좀더 구체적으로 말하면 이렇다. A가 B의 논리에 대해서 다소 공격적인 어투로 그 한계를 예리하게 지적했다고 치자. B가 자신에게 주어진 비판을, 자신의 편향과 한계를 냉철하게 되돌아보는 과정으로 활용할 경우, 논쟁으로 인해 형성된 상처는 자기 갱신의 밑거름이 될 것이다. 이와는 대조적으로 B가 자신에게 주어진 비판을, A의 공격적인 어조를 빌미 삼아 A를 비롯한 타자의 논리의 허약함을 다시 반비판하는 과정으로만 활용할 경우, 자신의 입장의 완고함은 유지되지만 근원적인 자기 갱신은 가능하지 않을 것이다. 아직 우리 사회의 논쟁 풍토에서는 비판을 받은 논자가 후자의 입장을 선택하는 경우가 많다. 그 이유는 무엇일까? 그것은 한 마디로 상처받고 싶지 않다는, 즉 주체의 순결한 자기동일성을 전혀 훼손 받지 않겠다는 에고이스트적인 발상에서 나오는 것이 아닐까 싶다. 적어도 타자의 비판 중에서, 일 부분이라도 자신의 한계를 예리하게 지적한 면이 있다면, 그 비판의 타당성을 흔쾌히 인정하면서, 타자의 비판이 지닌 결함을 다시 재반박해야 하지 않겠는가? 이러한 상호침투, 상호이해의 과정이 존재해야 논쟁이 생산적으로 전개될 수 있을 것이다.

　이러한 의미에서 최근에 『문화과학』이 강준만의 『문화과학』 비판에 대해서 보인 자세는 참으로 인상적이었다. 다소 신랄한 강준만의 비판을 접하면서도, 그 비판의 타당성을 인정하면서 스스로 자기 갱신을 보여주는 자세는 어떤 면에서는 감동적이었다. 그것이 가능했던 것은 상처를 냉철하게 다스리는 힘에 있지 않았을까? 자신의 입장이 틀릴 수 있다는 사실에 대한 인정, 그리고 타자의 비판으로부터 자신의 편향과 한계를 성실하게 극복하려는 자기 성찰적 태도가 없었다면, 『문화과학』은 이러한 전향적인 태도를 보이지 않았을 것이다. 이러한 의미에서 강준만의 비판에 대해서 임지현과 이진우가 보인 태도는, 타자의 비판을 자기 갱신보다는 자기 방어의 수단으로만 활용했다는 느낌이다. 혹시 그들은 상처를 받는다는 사실이 두려운 것이 아니었을까? 물론 임지현과 이진우는 우리 지성계와 문화계에 미만한 문제점에 대해서 예리한 비판을 전개해 나가는 중요한 논객들이다. 그러나, 그들은 자신들이 본격적인 비판의 대상이 될 수도 있다는 사실을 가정해보지 않은 것이 아닐까? 이러한 의미에서 타인의 비판을 통해, 자신의 입장과 실존이 철저하게 해체되는 상처를 스스로 자기 갱신의 과정으로 수용하는 성숙된 자세가 우리 지성계에 절실하게 요구되는 것이 아닐까 싶다.

(웹진『cultizen』칼럼, 2000.10)

제 10 장

권성우와의 인문학 데이트

비판적 글쓰기와 논쟁의 의미

"「인문학 데이트」 열네 번째 초청자는 문학평론가 권성우(37) 교수다. 권 교수는 1980년대의 문화적 세례를 받은 일군의 비평가 가운데 가장 활발한 활동을 보여주는 비평가로 꼽을 만하다. 그는 특히, 최근 문학계 안팎을 뜨겁게 달군 '문학권력 논쟁'을 주도함으로써 90년대 이래 다소 긴장이 풀어졌던 문학계에 반성적 활력을 불어넣기도 했다. 그의 대학 후배인 김윤정(31·서울대 강사) 씨가 비평 또는 비판의 기능을 둘러싸고 진지하게 대화했다."

—『한겨레신문』, 편집자주

김윤정 비평집 『비평의 매혹』이나 연구서 『모더니티와 타자의 현상학』 등의 글을 통해, 독자로서, 또 후배 연구자로서 만나왔는데 오랜만에 직접 얼굴을 대하게 됐네요.

권성우 집과 학교를 왔다 갔다 하는 것이 제 일상이고, 그래서 후배 만나는 일도 별로 없는데, 이런 기회에 만나게 돼서 반갑습니다.

김 국문학 연구자보다는 평론가로 더 알려져 있으니 먼저 비평 이야기부터 할까요. 일반 독자들은 비평하면, 딱딱하고 추상적이고 현학적이라는 생각을 하는데, 비평을 어떻게 이해하고 있습니까?

권 저는 비평을 타인의 글쓰기와의 만남을 통해 소중한 '보석'을 만들어내는 작업이라고 생각합니다. 타인의 글에 매혹되면 '비평의 매혹'이 나올 것이고, 타인의 글쓰기와의 거리가 일종의 논쟁으로 형성되면 비판적 글쓰기가 되겠죠. 요컨대, '매혹'과 '비판'이야말로 제 비평의 두 가지 화두라고 하겠습니다.

김 90년대 이후 문학계의 논쟁에 참 많이 참여하셨는데, 대표적인 경우로 90년 불거진 김영현 논쟁, 그리고 올 봄과 여름을 달군 문학권력 논쟁을 들 수 있을 것 같습니다. 특히 최근의 문학권력 논쟁은 문학계에 적잖은 파장을 일으켰는데요.

권 어찌 하다 보니, 여러 가지 논쟁을 하게 되었습니다. 이것도 비평가로서의 운명이 아닐까 하는 생각이 듭니다. 아마도, 다른 분들은 암묵적으로 지나치는 부분에 대해서도 제가 문제의식을 가지다 보니, 논쟁을 지속적으로 한 것이 아닌가 합니다. 문학권력 논쟁도 그러한 맥락에서 파악할 수 있을 겁니다. 요새는 이왕 벌인 논쟁을 어떻게 생산적으로 전개할 것인가 하는 고민을 많이 하게 됩니다.

김 그 논쟁 과정을 지켜보면서도 든 생각인데, 우리나라는 아직 논쟁문화가 제대로 확립돼 있지 않구나 하는 것이었습니다. 논쟁을 하면서 어떤 심정이었을지 궁금한데요.

권 몇 차례 논쟁을 하다 보니까 제 자신이 실존적으로 해체되는 듯한 느낌을 받기도 했고, 고독감도 밀려왔습니다. 또 다른 한편으로는 많은 것을 배우기도 했습니다. 어떻게 보면 비평적으로 저를 성장시킨 가장 중요한 과정이 제가 참여했던 일련의 논쟁이 아닌가 생각합니다.

김 실존이 해체되는 듯한 느낌이란 무슨 뜻입니까?

권 우리 사회에서 대화는 열린 상태로 이루어지지 않는 경우가 많아요. 이를테면, 논쟁을 진행하면서 논쟁 당사자와 인간적으로 소원해지는 경우도 있습니다. 그럴 때마다 과연 내가 옳은 입장인가, 어떻게 하면 제대로 된 논쟁을 할 것인가, 이런 고민이 꼬리를 물고 일어납니다. 그리고 아무리 논쟁에 대해서 객관적으로 접근하더라도 타인의 비판으로 상처를 받게 되고 저 또한 상처를 주게 됩니다. 그런 부분을 극복하려고 많이 노력하지만 때로는 아득한 심정이 되기도 합니다.

김 논쟁이나 비판은 학문정신의 근본이라고 할 수 있고, 학자는 논쟁과 비판을 통해 성장한다고 해도 과언이 아닌데요, 그렇지만 우리 현실은 일단 논쟁을 회피하고 보자는 쪽 아닌가요?

권 우리 사회가 논쟁을 공적인 차원에서 펴나가지 못하고, 감정적으로 수용하는 단계에 머물러 있는 탓도 있다고 봅니다. 그렇지만 학자라면, 아무리 힘들다고 해도 논쟁의 공적인 맥락을 스스로 체화하는 과정을 통해 그런 점들을 극복해야 하지 않을까요.

김 선배의 글쓰기 여정을 따라가다 보면, 결국 '비평의 매혹'에서 '비판적 글쓰기'로 옮겨가게 되는데요, 그 이행의 계기는 어디서 찾을 수 있습니까?

권 94년 창간된 계간지 『리뷰』에 문학 에세이를 연재했는데요, 창간호의 주제가 전복적 상상력, 비판적 상상력이었어요. 저도 그 대의에 찬동하면서 이제는 비판적 글쓰기가 필요한 때라고 생각했습니다. 그 무렵부터 비판이라는 지적 행위의 필요성에 대해서 나름대로 진지하게 생각했던 것 같습니다. 한 사람의 비평가로서, 비평가의 자율성을 어떻게 확보할 수 있는가에 대해서도 심각하게 고민하게 되더군요. 이해관계를 떠나 비평적 자율성을 확보하려면 소신 있는 비판이 필요하다는 생각을 했습니다. 사실 그 무렵부터 우리 문학계에 상업주의화가 팽배해졌고, 문학집단의 분파주의화가 심해졌습니다. 이런 사정이 제가 매혹에서 비판으로 옮아가게 된 계기가 아닌가 합니다.

김 비판적 글쓰기가 지닌 전복적 성격은 의미가 크기는 하지만 나름의 한계도 있지 않습니까?

권 저 역시 그렇게 생각합니다. 가령, 강준만·김정란·진중권 이런 분들이 거둔 비판적 글쓰기의 성과는 적극적으로 인정해야 하지만, 그런 글쓰기가 지닐 수 있는 한계, 이를 테면 사안의 복합성·중첩성에 대해 면밀한 분석이 부족한 점에 대해서는 냉철한 진단이 필요하다고 봅니다. 그렇지 만, 비판적 글쓰기의 맥락과 대의에 대한 최소한의 이해 없 이 진행되는, 비판적 글쓰기에 대한 성의 없는 반비판들도 문제입니다. 최근에 이진우 씨의 '사이버 시대 실명 비판의 역기능'을 읽으면서 그런 아쉬움이 들더군요. 비판적 글쓰 기를 하는 사람을 진지한 자기 성찰로 이끄는 제대로 된 비판을 보고 싶습니다. 우리 사회의 토론 문화에 대해 말하 자면, 소신 있는 비판과 활발한 논쟁이 부족해서 문제가 되 는 것이지 비판과 토론이 과잉이어서 문제가 되는 것은 아 니라고 생각합니다.

김　치열한 현장 비평을 하는 한편, 근대문학을 연구하는 데 도 열심이신데, 서로 다른 영역이어서 균형감각이 필요할 것 같습니다.

권　저는 이 두 작업을 서로 밀접한 연관 속에서 진행하려 합 니다. 그래서 학문을 위한 학문이 아니라 현재의 중요한 사 안이나 쟁점과 대화할 수 있는 학문을 추구합니다. 그런 자 세로 1920~30년대 비평가들의 '타자성'을 탐구해보았고, 현 재는 한국 현대 문학비평에서 근대성 문제를 본격적으로 드러낸 이른바 4·19세대 비평가들의 성취와 한계에 대해서 탐색 중입니다.

김 20~30년대 비평가들이 어떤 차원에서 현재적 의미가 있던가요?

권 비평과 권력의 문제, 비평가의 자기 성찰 문제가 최근 논쟁에서 중심점이 됐는데요, 이 문제들은 임화를 비롯한 일제 강점기 시대 비평가들에게서도 다양한 방식으로 드러나 있습니다. 타자를 가장 성실하게 관찰한 비평가가 가장 올바른 견해를 보여주었다는 것을 당시 비평계의 풍경을 통해 확인할 수 있었지요. 임화가 이론적 치열성을 확보한 요인도 바로 그러한 부분에서 연유합니다.

김 임화에 대한 애정이 각별하던데, 특별한 이유가 있습니까?

권 임화는 그 시대를 예술가로서, 혁명가로서 치열하고 성실하게 살았습니다. 누구보다도 다양한 논쟁을 주도했고 전방위적인 글쓰기를 보여주었습니다. 아울러 영화에 대한 남다른 관심에서도 시대를 앞서간 탁월한 예술가의 모습을 볼 수 있습니다. 저는 임화를 주인공으로 한 소설을 써보려고 했는데, 53년 그가 미제의 간첩 혐의로 사형을 언도 받는 장면에서 글을 써나가다가 능력이 부쳐 중도에 그만두었습니다. 그래서 아쉬움이 남는데, 임화의 일대기를 다룬 영화나 본격적인 평전이 나온다면 좋겠습니다.

김 '매혹'에서 '비판'으로 왔는데 앞으로 가고 싶은 방향은 어느 쪽입니까?

권 당분간은 논쟁에서 약간 거리를 두고 텍스트의 매혹으로 돌아가고 싶습니다. 하지만 제가 참여해야 할 논쟁이 전개된다면 소신껏 참여할 것입니다. 두 세계를 균형감 있게 아우르는 것이 제 몫이라고 할까요.

권성우가 말하는 권성우

푸르스름한 초저녁 하늘을 바라볼 때마다 삶에 대한 새로운 열정이 생긴다. 그런데 그 열정은 정확히 말하자면 허무를 동반한 열정이다. 굳이 말하자면, 나는 허무주의자에 가깝다. 아나키스트가 되기에는 나는 용기가 없고, 조직인으로 활동하기에는 나는 지나치게 비조직적인 성정을 지니고 있다. 그렇다고 해서 내가 허무의 심연을 들여다보았다고 할 수는 없으리라. 다만,

니체가 말했던 바, 적극적인 니힐리즘의 가능성을 항상 꿈꾼다. 그러니, 허무의 한 자락을 볼 때마다 나는 역설적으로 생에 대한 무한한 열정과 새로운 의욕을 느끼게 되는 것이리라.

비평가로서, 나의 중요한 관심사는 '매혹'과 '비판'이다. 나에게 책읽기의 매혹을 선사한 텍스트와 정말 행복한 열애를 하고 싶다. 청아한 보석 같은 작품과의 만남으로 생성되는 자발적이며 행복한 비평 쓰기는 내 비평의 원초적 태도이다. 문제는 이러한 비평의 매혹을 가능케 하는 빛나는 작품을 점점 만나기 힘든 문학적 현실이다. 이 점을 앞으로 어떻게 극복해 나가느냐의 문제가 나의 비평적 현안이다. 아울러 순수한 비평의 매혹을 어렵게 만드는 야만적인 문학환경에 대한 응시는 자연스럽게 비판을 동반하게 된다. 여기서 비판은 문학다운 문학, 작품다운 작품의 탄생을 제한하고 왜곡시키는 모든 문학제도와 문학적 관행을 과녁으로 한다. 진정한 매혹을 위해서도, 진지한 비판이 절실하게 필요한 것이 아닐까? 비판이라는 지적 행위를 성실하게 통과했을 때, 나는 한결 밀도 높은 새로운 매혹을 얘기할 수 있는 것 아닐까? 궁극적으로 나는 아름다운 비판이 스며든, 그리하여 한 단계 버전업된 '비평의 매혹'을 꿈꾼다.

(「인문학데이트—권성우 편」, 14, 『한겨레신문』, 2000.10.6)